地域活性化の情報戦略

編著者 安藤明之
著者 森岡宏行
　　　川又　実
　　　牛山佳菜代

芙蓉書房出版

はじめに

　「10年後の世界・アジアを見据えた日本全体のグランドデザインを策定する」ことを目的として、エネルギー問題や人口問題等について政策提言をおこなっている日本創成会議（Japan Policy Council）は、2040年までの間に次の世代の人口を左右する子どもの大半を出産する年齢の中心である20～39歳の女性の数が半減する自治体が全国の市区町村の半数にあがり、これらの市町村が消滅する可能性があるという。これを現実としないためには、必要のない公共事業や国からの補助金、高齢者が受け取る年金などを当てにするのではなく、地域が持っている特性を生かして、自前で稼ぐことができる産業や人材を育て、「持続可能なビジネス育成（Growing Sastinable Business）」によって魅力のある地域の構築が必要となる。
　例えば、アメリカでまさに消滅しようとしていた古くからある地方都市の再生の例を見てみよう。
　アメリカ北西部オレゴン州の最大都市ポートランド市は、人口60万人弱で日本の地方都市とあまり変わらない。昔は林業などの第一次産業が主力であったが、アメリカの住宅産業が不景気で冷え込むと、失業者が街にあふれポートランド市の中心街はゴーストタウン化していった。ところが近年では、アメリカでもっとも住みやすい街の1つと評価されるようになり、世界から行政関係者や企業などからの視察が絶えないほどになった。
　ポートランド市の再生は、都市部をコンパクトに集約し、郊外と境界線で区分して郊外の乱開発を防ぎ、自然や農地を保全している。そこで、街

ポートランド市（出典：Wikimedia Commons https://commons.wikimedia.org/wiki/File:Portland,_OR_and_Mount_Hood_from_Pittock_Mansion.jpg（2016年10月7日アクセス））

の中心を通っていた高速道路を撤去して、自動車を中心とした社会から公共交通機関を中心とした歩きやすい社会に転換するという街づくりをおこなった。そのため、市内の駐車場の開発をやめ、路面電車を郊外に延伸するようにし、市民を郊外から都市部に誘導して街の活性化をはかり、自然も守ることができた。産業も第一次産業から半導体やデザイン関連などに転換し、企業の税制優遇によって企業投資を呼び込み、住宅環境や雇用を整えるなど、様々な施策によって若者が少しずつ増加していった。

ポートランド市に見られるように地域の活性化においては地域の特性を踏まえた明確な開発の哲学を示し、ビジョンを描き、人々を引き寄せ活気に満ちた地域に育てることが必要である。

また、我が国の成長戦略を考える上からは、大都市が競争優位になるだけではなく、多くの地域で産業が振興するとともに、活気を呼び起こし、豊かな生活を営むことができる場としての役割を持つことが必要である。地域に大きな影響を与えるものとして、社会・経済環境の変化や価値観などの変化に加えて、最先端のテクノロジー、とくにICT（Information & Communication Technology）が起こす変化に注視することが重要である。

本書は、情報を戦略的に活用することによって、地域の活性化を効果的に実現するように、基本的理論とともに具体的に様々な手法や事例をあげている。これまで情報機器である携帯電話やスマートフォンが急速に普及し、世界が変わったように情報の戦略的活用は、地域に大きなインパクトをもたらすものと考える。しかし、地域活性化のために何よりも大切なことは、地域の利用者の立場に立ち利用者の満足度を向上させるためのたゆみない努力である。本書にはICTを活用した情報戦略に地域の活性化のヒントがある。ぜひ本書によって地域の活性化を実現してほしい。本書が地域の創生に少しでも貢献できれば著者にとって望外の喜びである。

最後に、資料の収集等にご助力をいただいた野口泰助氏および山中雅大氏に感謝を申し上げたい。また、本書を出版するにあたり㈱芙蓉書房出版の平澤公裕社長には出版だけではなく貴重な助言をはじめさまざまにお世話になった。ここに深く感謝する次第である。

2017年2月

安藤　明之

地域活性化の情報戦略　目次

はじめに　　　　　　　　　　　　　　　　　　　　　安藤 明之　1

序　章
地域活性化とその戦略　　　　　　　　　安藤 明之　7

1．地域が抱える諸問題　8
2．地域創生に対する支援活動　9
　（1）情報支援／（2）物的支援／（3）人的支援／（4）資金支援
3．従来からの主な情報の活用例　13
　（1）インターネットの活用／（2）パソコンの活用／（3）既存の媒体等による活用
4．地域活性化を支える主な情報技術　21
　（1）VR／（2）AR／（3）GPS／（4）ディープラーニング／（5）ICカード／（6）デジタルアーカイブ／（7）ロボット／（8）プロジェクションマッピング／（9）デジタル案内板／（10）IoT
5．地域活性化のための情報の戦略的アプローチ　24

第1章
観光における情報戦略　　　　　　　　　森岡 宏行　25

1．観光におけるICTの利用　26
　（1）ICTの活用のための情報インフラ／（2）集客のためのICT戦略／（3）観光を楽しむためのICT戦略
2．無線技術における情報インフラの整備と情報戦略　29
　（1）観光中に利用される無線によるインターネットの接続の種類／（2）SIM

カードの利用による観光の情報戦略／（3）無線LANの利用による観光の情報
　　戦略
3．ICTを活用した誘致をおこなうための情報戦略　*38*
　　（1）体験型観光を提供するホームページ／（2）ソーシャルメディアとアプリ
　　の活用／（3）ソーシャルメディアのユーザーによる情報の拡散／（4）VR体
　　験
4．ICTを活用した観光拡張戦略　*47*
　　（1）音声ガイドシステム／（2）ARシステム／（3）位置情報ゲームの利用

第2章
地域広報における情報戦略　　　　　　　森岡　宏行　*57*

1．ICTを活用した広報戦略　*58*
　　（1）地域特化型電子書籍ポータルサイト「Japan ebooks」／（2）デジタル放
　　送を利用した様々な「データ放送」／（3）広報で活用される「AR」／（4）
　　スマートフォン用アプリの活用
2．ソーシャルメディアを活用した広報戦略　*62*
　　（1）Facebook（フェイスブック）／（2）Instagram（インスタグラム）／（3）LI
　　NE／（4）YouTube／（5）地域SNS
3．サブカルチャーを活用した広報戦略　*68*
　　（1）広報紙で漫画家のイラストリレー／（2）「きょうと市民しんぶん」によ
　　る「ゴミの擬人化」／（3）ゲームによる地域の魅力発信
4．自治体におけるICTを活用した情報戦略　*71*

第3章
地域の情報伝達と情報戦略　　　　　　　川又　実　*75*

1．メディアと地域情報　*76*
　　（1）メディアの意味／（2）地域とコミュニティ
2．紙メディアによる情報伝達　*77*
　　（1）ペーパーレス化の流れと「紙」の役割／（2）新聞／（3）フリーペーパー
　　／（4）ミニコミ

3．紙メディアの情報戦略　*87*
　　（1）紙メディアから電子メディアへ／（2）紙メディアでの情報戦略
4．情報伝達におけるインターネットの活用　*90*
　　（1）紙メディアとインターネット／（2）ソーシャルネットワークサービス（SNS）の活用／（3）SNSにおける自治体等の組織アカウントの取得／（4）メーリングリストによる情報共有／（5）フリーペーパーとホームページ連携の例／（6）情報伝達におけるARの活用
5．放送メディアによる情報伝達　*94*
　　（1）放送と災害／（2）コミュニティ・ラジオ／（3）地域コミュニケーションとしてのテレビ
6．放送メディアに対する情報戦略　*99*
　　（1）インターネットラジオ／（2）放送アーカイブの活用／（3）自治体等との連携による番組作成／（4）住民ディレクター活動による地域の連携

第4章
地域産業と情報戦略　　　　　　　　　　　牛山佳菜代　*103*

1．地域産業とICT　*104*
　　（1）地域産業の変容と今日の動向／（2）ICTの現状と地域への影響／（3）地域産業に関係するICT関連政策／（4）地域産業とICTの利活用
2．販路拡大とICT　*116*
　　（1）新規市場開拓の課題／（2）地域ブランド化におけるICTの活用／（3）事業連携におけるICTの活用
3．企業立地とICT　*122*
　　（1）ICT企業等の集積による地域振興／（2）IT企業の展開による地域振興
4．ビジネス創造・企業改革とICT　*124*
　　（1）ICTを利用した新ビジネス創造／（2）外部と連携した共同受注システムの構築
5．ICTを活用した商店街の活性化　*127*
　　（1）商店街の衰退／（2）ICT利活用による商店街活性化への道
6．情報化による地域の活性化の例　*133*

第5章
地域の生活・文化と情報戦略　　安藤明之・川又　実　*135*

1. **地域の生活とICT**　*136*
 　（1）地域の情報化／（2）ICT利活用による地域の連携例／（3）情報格差の解消／（4）地域通貨(電子通貨)の利用
2. **地域の文化とICT**　*146*
 　（1）ICTを活用した文化活動による地域活性化／（2）地域文化と情報収集・発信の事例／（3）地域文化のデジタル化事業／（4）ICT利活用による地域の連携の事例

執筆者紹介　*151*

序　章

地域活性化とその戦略

安藤　明之

　私たちの生活をはじめ、行政や産業などのさまざまな組織や分野で情報化が急速に進み、その展開はもはや世界的な規模になっている。本書はこうした現状を踏まえ、情報化の流れを地域に当てはめ、活用の現状やその方向性を見つめようとしている。さらに本書は、情報を戦略的に活用することによって、地域を活性化させ、地域創生ができないかという命題を設け、さまざまな方向からそのヒントが得られるのではないかと考えた。この序章は、そうした方向性と全体に関わる分野の技術的概要を取り上げている。はじめに、現在地域が抱える諸問題を取り上げ、そのための支援活動について整理した。さらに従来からの主な情報の活用例を取り上げたうえで、そうした情報の戦略的な活用を主体的に支援する情報技術の概要を示した。

1. 地域が抱える諸問題

現在、地域では人口減少社会への対応や産業・雇用の創出などのさまざまな課題に直面しており、その課題解決による地域の活性化が求められ、新しい地域の創生への期待が高まっている。株式会社情報通信総合研究所の「地域におけるICT利活用の現状に関する調査研究」による「地域における現在の課題」についての地方自治体に対するアンケート調査によると、次の図表1に示すように、課題と認識している事項は、「少子高齢化」(83.4％)、「産業・雇用創出」(73.8％)、「人口流出」(62.7％) の順に多い。「最も重要な課題」については、「少子高齢化 (42.6％)、が最も多く、次いで「人口流出」(16.5％)、「産業・雇用創出」(10.5％) の順となっている。

図表1　課題であると認識している事項

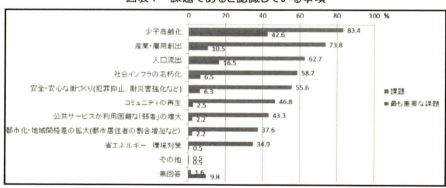

(出典：株式会社情報通信総合研究所 「地域におけるICT利活用の現状に関する調査研究」 報告書2015年3月)

課題解決については実態を把握した上で、各地域のそれぞれの特徴を生かし、さまざまな支援を活用しながら着実に地域の活性化に取り組むことが必要である。地域の創生によって地域活性化を実現することは、地域の魅力を高めることで、人々が集まることになり、地域の活動により新しい価値をもたらし、経済活動に活気を与える。また、こうしたさまざまな取り組みにより、人々が地域の価値を再認識し、自信を持ち、明るく豊かな

生活の場としなければならない。

2．地域創生に対する支援活動

　地域創生のための主な支援には、情報支援、物的支援、人的支援および資金支援などがある。これらの支援は、それぞれが相互に関連しながら活動がおこなわれる。

図表2　相互に関連する支援活動

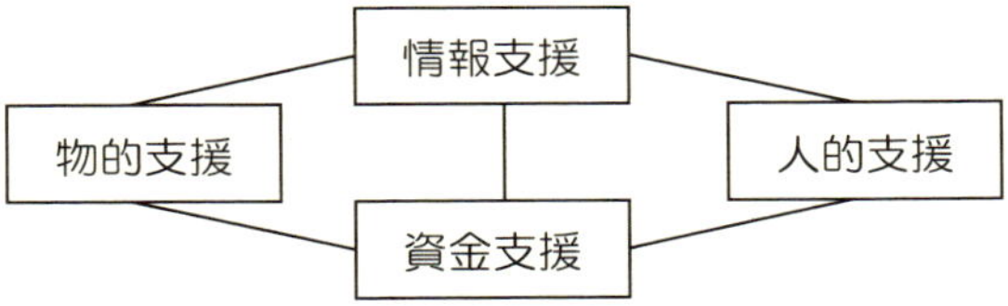

```
         情報支援
        /    |    \
   物的支援  |  人的支援
        \    |    /
         資金支援
```

　支援活動は民間によるものだけではなく総務省をはじめとする政府機関、都道府県や市町村などの地方公共団体、非営利組織（NPO）などがおこなっている。本書では、これらを前提にICTを活用した戦略を取り上げる。地域創生に対する主な支援活動は図表3のとおりである。

図表3　地域創生に対する支援活動

情報支援	地域情報基盤（インフラ）の整備、ICTの活用など
物的支援	資源の活用および開発など
人的支援	研究者・関連事業者等人材の活用、非営利組織（NPO）・商工会・行政機関等組織の活用など
資金支援	モデル構築事業等の受託、助成金・交付金・事業債等の獲得など

（1）情報支援

　情報支援は、地域の情報化を支援することによって地域の活性化を図ろうとするもので、地域の情報基盤の整備のために総務省をはじめとした政府機関等がさまざまな提言や補助をおこなっている。こうした中で、地域

の活性化のために本書の第1章以降であげるようなICTの積極的・戦略的な利活用が必要である。

　総務省は、「ICTを活用した地域活性化」という施策の中で「地域情報化の推進」のために地域情報基盤の整備を進めている。その主な事業は、「観光・防災Wi-Fiステーション整備事業」と「放送ネットワーク整備支援事業」である。

　「観光・防災Wi-Fiステーション整備事業」は、公衆無線LAN（Local Area Network）環境を整備しようとするもので、とくに訪日外国人旅行者からは環境拠点における無料Wi-Fiの充実に対する要望が強く、その整備は急務である。また、災害時における住民や来訪者の安全を確保する上からも災害関連情報の入手のための無料Wi-Fiの整備は重要である。とくに災害拠点においては耐災害性の高い公衆無線LAN環境を整備して災害関連情報を確実で迅速に伝えることができることが不可欠である。このため総務省は、無料公衆無線LAN環境の整備を実施する地方公共団体等に支援をおこなっている。

　なお、公衆無線LANは、空港や駅などの公共施設や、ホテルや飲食店などで、無線でインターネットに接続するサービスである。このような無線LANを利用できる場所をアクセスポイント（NTTではホットスポット）という。電波の届く範囲はアクセスポイントから10～30m程度である。アメリカ電気電子学会（IEEE：The Institute of Electrical and Electronics Engineers）が標準化した公衆無線LANの規格をWi-Fi（Wireless Fidelity）とよんでいる。

　「放送ネットワーク整備支援事業」は、地震、台風、豪雨、竜巻等の深刻な災害に対応するために、住民が災害関連情報等を確実に入手できるように放送ネットワークを整備しようとするものである。これはとくに東日本大震災や南海トラフ巨大地震、首都直下地震等の大規模災害発生等に対処しようとするものであるが、放送ネットワークは地域の情報共有のためにも大きな影響を与えるものであり、地域の活性化にも貢献することが考えられる。

　たとえば、徳島県は、全県域にFTTH網（Fiber To The Home、カバー率98.8%）と光CATV（Community Antenna Television、公設民営方式で加入率88.3%）を整備し、全国に先駆けて高速のブロードバンド（broadband）環

境を実現させた。そのほか、オフィスの開設や運営費用に対しても支援をおこない、その結果の代表例として、過疎地域であった徳島県神山町ではサテライトオフィスが整備され、ICT 系ベンチャー企業が誘致され、地域の活性化が推進された。

(2) 物的支援

物的支援は、さまざまな資源を利用し、活用する支援である。資源は一般に自然の景観や自然現象などによる自然資源と、人間の知識・知恵と労力によって創出される名所・古跡や文化財などによる人文資源に大別される。これをまとめたのが図表4「物的支援における主な資源」である。資源の活用の例としてここでは岩手県葛巻町の活動を取り上げる。

岩手県葛巻町は、JR の駅はなく、温泉も出ない。場所も JR 盛岡駅からバスで1時間40分ほどの山深いところにある。特徴というものはとくに何もないが、町内の山の草地には牛が群れるだけの自然があふれるというところが特徴といえるかも知れない。しかし、このような自然があふれるようなところは日本には多数あるので、これを資源として利用するには無理がある。葛巻町の転機となったのは、1988年頃に持ち上がった産業廃棄物処理施設の建設計画である。「葛巻町の自然を守れ」という町民の声に、葛巻町が注目したのが山間を流れる強い「風」という資源である。町の自然を積極的にアピールするために1999年に最初の風車3基を設置し、風力発電を開始した。その後は風車も15基まで増設され、太陽光発電や畜産バイオマスプラント（バイオガスによる発電）を稼働し、新エネルギー発電で160％以上の電力自給率を持つようになり、町は牧場や農場を活用したミルクやワイン（山ブドウが原料）をあわせて「北緯40度ミルクとワインとクリーンエネルギーの町くずまき」を宣言するまでになった。こうして葛巻町は、地域再生のモデルとして全国から注目されるようになった。

図表4　物的支援における主な資源

大分類	小分類	内容
自然資源	気候的資源	降水、光、温度、湿度、風、雪など
	地理的資源	山岳（山、高原、湿原）、地質（土壌）、地勢、位置、秘境など
	原生資源	森林、自然草地、自生植物、自然護岸など

	二次資源	温泉、人工林、里山、農地、牧草地など
	動植物資源	野生動植物、身近な動植物など
	鉱物資源	化石、貴金属、各種鉱物など
	エネルギー資源	太陽光、風力、水力、木竹炭、地熱など
	水資源	河川、地下水、表流水、湧水、湖沼、海水など
	空間資源	風景、美的空間、天体現象、滝、空、空気など
人文資源	歴史資源	名所古跡（古社寺、史蹟、城郭、城跡、庭園、公園など）、文化財（絵画、彫刻、書籍、典籍、古文書など）、歴史的事件、歴史的人物など
	文化芸術資源	伝統文化、芸能、民話伝承、伝統的事件、習俗、方言など
	人工資源	都市及び村落景観（家屋、街並み）、道路、トンネル、ダム、運河、堀割、港湾など
	知的資源	伝統的技能、伝統的技術、人物（高齢者、女性、子供など）など
	サービス資源	宿泊施設、飲食・休憩施設、公共サービス施設、土産販売所、人情、エンターテイメント（博物館、水族館、レクリエーション施設、テーマパークなど）、年中行事など
	情報資源	コンテンツ（ロケ情報など）、知恵、ノウハウ、発明、発見、電子情報など
	風土資源	農林水産物、農林水産加工品、郷土料理など
	循環資源	家畜糞尿、生ゴミ、産業廃棄物など

（出典：「観光学入門」（晃洋書房、2006年）、「観光読本〔第2版〕」（東洋経済新報社、2004年）等を参考に筆者が作成）

（3）人的支援

　地域の産業の振興や安心・安全な社会の構築、地域の自立・活性化等にICTの利活用をする取り組みについて、知見・ノウハウの支援をおこなうため、総務省は「地域情報化アドバイザー」や「ICT地域マネージャー」の派遣をおこなっている。また、非営利組織（NPO）による各種セミナーの開催・事例集の提供・人材派遣や、ICT利活用に関連する研究者・

事業者等の人材の活用、地域の商工会の人的支援など、計画立案の段階から人的支援の可能性を検討し、さまざまな側面から支援を受け、地域の活性化を実現させることが必要である。

（4）資金支援

　総務省では、地域 ICT 利活用モデル構築事業を地方公共団体に委託したり、地域情報基盤の整備促進（地理的デジタル・デバイドの解消等）のために情報通信利用環境整備推進交付金として事業費の一部を支援したり、電子自治体の推進のために地域情報化推進事業として公共施設等を接続するネットワークの整備や地域情報拠点施設の整備等に対して交付金による支援をおこなっている。このほか関係省庁の助成金・交付金による支援や地方公共団体等の事業債の発行による支援などさまざまな資金による支援があるので、計画の立案にあたっては資金支援の獲得についても調査することが必要である。

3．従来からの主な情報の活用例

　はじめて ENIAC とよばれる実用的なコンピューターが完成したのが1946年のことである。その後コンピューターは、小型化、高性能化、低価格化が進み、1990年代には情報革命といわれるような大変革がおこなわれ、情報の重要性が認識されるようになった。これとともにコンピューターも急速に普及し、コンピューターとして使用されるだけではなく、さまざまな機器に組み込まれて使用されるようにもなり、使用分野も拡大していった。したがって、これまでも地域活性化において情報の重要性は認識されているが、次のような情報の活用がおこなわれている。

（1）インターネットの活用

　インターネット（Internet）は、世界中のコンピューターネットワークがつながり合った「ネットワークのネットワーク」である。これは 1969年にアメリカの国防総省（Department of Defense：DoD）の高等研究計画局（Advanced Research Projects Agency：ARPA）が危険分散のために各地のコンピューターを結ぶ ARPANET（ARPA NETwork）というシステムを

開発し、現在のインターネットへと発展していった。インターネットは、1991年にアメリカで商用利用が解禁されることによって広く急速に普及していった。これまで地域の活性化には次のようなWWWの活用によって寄与した面が大きい。

WWW (World Wide Web) は、単にウェブ (Web) ともいい、コンピューター科学者のバーナーズ・リー (T. J. Berners-Lee) によって発明されたもので、文書間で相互リンクを張ることができるハイパーテキストとよばれるシステムである。これは一般にホームページと呼ぶことが多いが、本来ホームページは先頭にあるトップページを示すもので、各ページをウェブページといい、全体をウェブサイトという。

図表5 ハイパーテキストのイメージ

ホームページ（ウェブページ）は、ウェブを表示するためのソフトウェアであるブラウザ (browser) によって画面に表示される。ホームページは、HTML (Hyper Text Markup Language) というコンピューター言語で作られている。ブラウザはこのHTML文書を読み込み、これを解釈して画面に表示している。すべてのホームページには「http://」で始まる記号が付けられている。これがホームページのある場所を示す住所にあたるもので、これをURL (Uniform Resource Locator) という。ブラウザでこのURLを直接入力すれば、ホームページにアクセスすることができる。

①ホームページの作成

ホームページは、世界中のインターネット接続者が閲覧できるので、ホームページを作成するということは、世界中に情報発信していることを意識しなければならない。

また、すでにホームページを保有している組織は多いが、一度作成してしまうと、そのままになってしまうことが少なくない。ホームページは、常に更新して新しい情報を提供するようにし、一定の時期にはリニューア

ルすることも必要である。ホームページを作成する場合、ホームページの作成の原点に立って、根本的な情報発信・情報伝達の機能と意外性、新規性などを持ったホームページの実現を計画するなど、魅力的なホームページの再構築を考えることが望まれる。

　ホームページの作成の概要は図表6のとおりである。なお、ホームページ作成は、多くの専門業者が存在しているので、希望するホームページのイメージを業者に伝え作成を依頼することもできる。その際には、ホームページ作成の概要を理解したうえで作成の依頼をすれば相互理解が深まりスムースな作成展開が期待できる。また、ホームページを転送するWWWサーバーなどのサービスは、インターネットへの接続に必要な回線やサーバーを提供するプロバイダー（provider）のホームページ開設サービスなどに依頼をすることもできる。

図表6　ホームページ(HP)作成の概要

1．デザインを考える	1．総合的デザインについて次のような事項について考える ・テーマ ・対象者 ・全体の構成
2．設計をする	2．総合デザインに基づいて全体について設計をする ・リンクの張り方 ・各ページの絵コンテの作成（絵コンテ（story board）は、イラストと説明を書込んだもの）
3．素材を準備	3．素材を準備する ・絵コンテに基づいて各ページに配置するテキスト・画像・音声などの素材を準備する ・画像の場合には必要によってはフリー素材集を利用したり画像編集ソフトを利用して作成する
4．各ページを作成	4．実際にWebページを作成する ・作成には、市販のWebページ作成ソフトを利用したり、HTML（Hypertext Markup Language）というコンピューター言語で直接入力をしてHTML文書を作成する

5．テストする	5．すべての Web ページをテストする ・各ページをテストしたあと、ページ同士のリンク状態をテストし、さらに全体についてテストする ・エラーが見つかったら修正し、再度テストする
6．WWW サーバーを準備	6．HP を公開するための WWW サーバーを準備する ・インターネット上に HP を公開するためには HP のデータを転送する WWW サーバーを準備し、Web サイトのアドレスである URL（Uniform Resource Locator）などの情報を取得する
7．WWW サーバーに HP に転送	7．完成した HP のデータを WWW サーバーに転送して公開 ・インターネット上に HP を公開するには WWW サーバーに転送して HP を公開する ・公開後は定期的に再編集や更新をおこない、常に最新の情報を提供できるようにする

②調査・検索での利用

インターネットを利用して、地域の調査・検索などをおこなう場合には Google（グーグル）などの検索ポータルサイト（portal site）が使用されることが多い。そのため、その対象となるソフトウェア提供企業や地域の組織・機関などは、検索結果として表示されるホームページ（ウェブサイト）上に地域の主な組織・機関などの主要場所に行くための交通機関やその時刻表・地図などを作成しておいたり、地域で利用してほしい施設などの紹介サイトも作成しておき、検索に対応できるようにしておいたりすることが必要である。また、例えば、地域の飲食店にはその店の案内・評価に「食べログ」や「ぐるなび」などのホームページがある場合には、これに対応することが望まれる。なお、ポータルサイトのポータルは、港（Port）から派生された言葉で、玄関や入口の意味である。したがって、ポータルサイトは、インターネットを利用するとき、最初に閲覧するような、利便性の高いホームページのことである。

③ブログでの利用

ブログ（Blog）は、もともとウェブとログを１つの語にしたウェブログ

（Weblog）を略したものである。ログは「履歴」という意味でコンピューターの使用記録を示すので、ウェブログというのはいろいろなホームページ（ウェブページ）を見てまわった履歴ということになるが、実際には、日々更新される日記型の個人のホームページである。ブログの作成では、専用のソフトウェアや容易な記述ができるような一定の形式が用意されている。1990年代後半にアメリカで生まれたが、その後世界中に普及した。主な機能として、閲覧者が感想などを伝えることができるコメント機能や、他者のブログとリンクを自動設定できるトラックバック機能がある。世界中での閲覧が可能なので、ブログを利用して地域の特産品や観光スポットなど日頃の情報発信が重要である。たとえば、ブログで観光スポットとして富士山と鳥居、五重塔を一画面に撮影できる場所を紹介したところ日本人がこれまでほとんど行くことがない比較的不便な場所であったが、多数の海外観光客がわざわざ訪れるという現象が見られた。このようにブログの影響は、地域にとって大きな影響をもたらすものである。

④ E-メールでの利用

E-メール（E-mail、以下メール）は、電子メールともいい、インターネットを通じて文書・画像などの情報を伝達・蓄積するシステムである。メールでは複数の相手に同一の内容を同時配信することができる。サーバーにあらかじめ多数のメールアドレスを登録（メーリングリスト；mailing list）しておくと特定のメールを一斉に転送することができる。このメーリングリストを活用すると地域の情報を簡単に多数の人々に郵便のダイレクトメールのように配信することができる。

また、メールで発行する電子雑誌で、個人や企業、団体が定期・不定期に発行するメールマガジン（mail-magazine、略してメルマガ）がある。地域の情報を関係者にメールマガジンとして配信することによって地域の核となる人々の絆を高め、メルマガ会員の登録を進めれば人と人との輪を広げることができる。

⑤ SNSの利用

SNS（Social Networking Service）は、ソーシャルネットワーキングサービスともいい、友人や知人間のコミュニケーションを円滑にし、人間関係を広げる場を提供するインターネット上の会員制のウェブサービスである。普通SNSと略称されることが多い。会員ごとのページにそのプロフィー

ルや日記、画像などを会員に公開でき、それらの閲覧を友人のみに限定したりする機能を持つが、新たに友人として自分のページに登録したり、知り合いを招待するなどして新しい友人が増えていく仕組みを持つ。Facebook（フェイスブック）、mixi（ミクシィ）、GREE（グリー）などが有名である。最近では、地域においても SNS による地域情報の発信・交流が多く見られるようになった。

⑥Twitterでの利用

　Twitter（ツイッター）は、主に1行ほど（140文字以内）の短い文章を書き込む雑記帳のような形式のコミュニティサイトである。2006年にアメリカで生まれたがブログや SNS よりも敷居が低く簡便に交流できるので短期間に世界中で広く利用されるようになった。地域においても Twitter による地域情報の発信・交流が多く見られる。

⑦コミュニケーションツールの利用

　コミュニケーションツール（communication tool）は、意志や情報を伝達することで、人々のコミュニケーションを円滑にするウェブサービスである。これには、LINE（ライン）や Kakao Talk（カカオトーク）、Skype（スカイプ）などがある。LINE と Kakao Talk は、登録した相手とグループを作り、文字のやり取りや通話などをおこなうことができ、Skype は特定の相手と無料のインターネット通話をおこなうことができるツールである。

⑧予約サイトでの利用

　地域の宿泊施設や飲食店などの利用予約は Google などによる検索に対応するだけではなく、該当するサービスサイトからも案内・予約ができるようにすることが必要で、利用者が容易に利用予約をおこなうことができるようにする。

⑨携帯端末での利用

　携帯端末の著しい普及により、携帯端末からのインターネット利用が望まれるようになった。そこで、比較的表示画面が小さい携帯電話やスマートフォン、タブレットなどの携帯端末からもホームページの検索・閲覧ができるようにすることが必要になった。

⑩クラウドサービスの利用

　クラウドとは、雲（cloud）のことで、クラウドサービスは、データなど

を自分のコンピューターや携帯電話などではなくインターネット上の保管場所（サーバー）に保管するサービスのことである。自宅や会社、出張先や旅行先などで、パソコンやスマートフォンなどのさまざまな環境からデータの閲覧や編集などをすることができる。このような使い方をクラウド・コンピューティングという。

（2）パソコンの活用

　近年、情報機器の中では、パソコンの利用は少なくなり、その中心はスマートフォンや携帯電話、タブレットに移りつつあるが、次のような分野においてはパソコンの利用が欠かせない。

①データの整理・印刷

　ウェブページやパンフレットなどで使用する文章や写真などの情報は、パソコンで整理し、印刷をして確認などをおこなう。ホームページなどの管理などにもパソコンは欠くことのできない機器となっている。

②プレゼンテーションでの利用

　プレゼンテーション（presentation）は、集会などで計画や状況、意見などを提示・説明することで、略してプレゼンともいう。地域を理解させるためのプレゼンテーション資料を作成する場合にはパソコンは不可欠である。この資料はできるだけビジュアルで容易に理解できるようにすることが望まれる。また、プレゼンテーションをおこなうためにもパソコンは必要となる。

（3）既存の媒体等による活用

　次のメディアは、地域メディアとして、また地域にとってもこれまでさまざまなはたらきをしてきた。今後は、社会の情報化の進展によって、従来からのこれらのメディアは少しずつ変化するとともに、これに加えて新しい地域メディアが出現することになる。

①紙ベースの広報誌

　企業がその活動などを広く社会に知らせるために広報誌を発行するように、これまで地域においても広報誌を発行することは多い。その多くの場合、媒体は紙で、雑誌形式や新聞形式で発行されていた。しかし、このような形式では配布が限定的で、コストもかかるため、現代においては紙か

らインターネットによる広報へと変化をしている。ただし、住民の中にはインターネット未接続世帯があるので、行政機関が地域の全住民に対して発行する広報誌などは、紙媒体に頼らざるを得ない面がある。

　②フリーペーパー

　フリーペーパー（free paper）は、無料で配布される新聞で、一般に出版の経費は広告でまかなわれ、新聞社やその関連会社が発行することが多い。配布先を限定し、地域に密着した情報を掲載しているので、地域の状況の理解や地域の人々の活性化に役立つことができる。しかし、近年、このような機能はインターネットの利用へと変化をしている。

　③テレビの広告や紀行番組

　さまざまなメディアが出現する現代においてもテレビの社会に対する影響力は大きい。テレビで放映される広告はその販売を促進させ、紀行番組は多くの人々を旅へと誘う。しかし、広告には多大の費用がかかり、地域の人々が望む場所が紀行番組として取り上げられることはなかなか実現されない。地域がテレビに取り上げられるためには、地域が活気をもち、魅力的な活動を常日頃から心がけ、世間に注目される努力を怠らないことが必要である。

　④CATV

　CATV（Community Antenna Television）は、ケーブルテレビや有線テレビともいい、これまで難視聴の解消を目的としたものが多かったが、近年では多チャンネルを持つ都市型が主流で、インターネットに接続するCATVインターネットの機能をもっていることが多い。多チャンネルであることから地域の情報を取り扱うチャンネルをもつ局もある。CATVは、地域に密着した情報を適時提供できるため、地域の再生・活性化に大きな影響力を持つ。しかし、近年のCATVは、狭い地域に限定することなく、比較的広いエリアもつ局も多くなり、地域の情報に重点を置くことが少なくなっている。

　⑤FM地方局

　FM地方局は、FM放送の地方局で、地域に密着をした放送もおこなうことが特徴で、災害発生時には地域情報の提供を積極的におこなうことで、地域に貢献するメディアともなっている。FM（Frequency Modulation）は、周波数変調方式のことで、この方式による放送は、高音質・低雑音で混信

も少ないことから音楽放送も多く取り扱っている。しかし、現代ではインターネット放送もおこなわれるようになり、その利用も広がっているので、今後はさらに地域性を高め、FM放送の特色を生かした放送が必要となっている。

⑥ゆるキャラ（地域イメージ）

ゆるキャラは、ゆるいマスコットキャラクターの略で、地域の特産品・産業・名所の紹介などのような地域全般についての情報などのアピールに使用するマスコットキャラクターである。これには企業・団体や公共機関などのマスコットキャラクターを含むことがある。もともとは、着ぐるみ化され、地域の村おこしや地域振興のためという「郷土愛」が土台となったキャラクターである。

4．地域活性化を支える主な情報技術

（1）VR

VR（Virtual Realty）は、コンピューターであたかも現実そのものであるかのような空間を人工的に作り、それを人間の感覚器官に働きかける技術で、バーチャルリアリティや仮想現実という。現在では、さまざまな方法でこれを実現しているが、主に頭部に装着して視界を覆い眼の前に人工的に作られた映像や情報を表示するヘッドマウントディスプレイ（Head-Mount Display）と呼ばれる方法で、さらに手の動きと手の力学的な強弱を与える手袋状のデータグローブ（data glove）を装着する方法などがある。

（2）AR

AR（Augmented Realty）は、コンピューターが現実の環境から得た画像や映像、音声などの情報を追加・削除などの加工をして表現しようとする技術である。このように人間が視覚や聴覚、触覚などの知覚する現実環境をコンピューターによって拡張するので、拡張現実という。

（3）GPS

GPS（Global Positioning System）は、全地球測位システムともいい、近

くの複数の人工衛星からの電波を受信して、各人工衛星からの電波の到達時間を元に距離を計算し、その距離や地図との組み合わせで今地球上のどこにいるのかの現在位置を知るのに利用されている。元は軍事技術であるが、現在ではカーナビゲーションシステム（car navigation system、略してカーナビ）やスマートフォンなどで利用されたり、写真の撮影場所の記録などにも利用されたりしている。

（4）ディープラーニング

　人間の頭脳を構成する無数の神経細胞のメカニズムを模倣し、頭脳の働きを工学的に再現した人工知能（AI：Artificial Intelligence）技術の1つである。具体的には、コンピューターによる機械学習で、大量の情報から、概念を形成するほんの少しのしかも本質的な情報だけを抜き出して、概念をより高次元へと段階的に蓄積していくという技術で、「学習を深める」という意味からディープラーニング（deep learning：深層学習）と呼んでいる。音声アシスタントや画像認識などの分野で実用化されている。2016年コンピューター囲碁でこの技術を利用したAIが、プロ棋士に勝利したことが有名である。

（5）ICカード

　ICカード（Integrated Circuit card）は、情報の記録や演算をするための極めて薄い半導体集積回路（ICチップ）を埋め込んだプラスチックのカードである。磁気ストライプをもつ磁気カードは偽造・改ざん・スキミングなどの犯罪がおこなわれやすかったが、ICカードはこのような犯罪に対するセキュリティ性に優れ、情報量も磁気カードより大量である。ICカードには、データの読み書き方式の違いによって、接触式と非接触式がある。非接触式には、JRのSuicaやICOCAなどがあり、カード内部にアンテナが内蔵され、微弱な電波によりデータをやりとりする。

（6）デジタルアーカイブ

　デジタルアーカイブ（digital archive）は、博物館や図書館などのさまざまな資料をデジタル化して保存することである。こうしたデジタル化によってオリジナル資料への直接的なアクセスを回避することができるので、

資料の保全ができ、さまざまな活用が比較的容易になる。

（7）ロボット

ロボット（robot）は、人に代わって何らかの作業を自律的におこなう装置もしくは機械である。ロボットには、自動作業をおこなう機械と人間や動物に似せた形や機能をもつ機械に大別することができる。前者にはさまざまな産業ロボットがあり、後者にはホンダのASIMOやソフトバンクのPepperなどがある。

（8）プロジェクションマッピング

図表7　プロジェクションマッピングの様子（撮影場所：シャルトル大聖堂）

プロジェクションマッピング（Projection Mapping）は、パソコンで作成した映像をプロジェクタなどの映写機器を使って建造物などに映し出す技術である。投影される映像は、一般の動画編集用ソフトを用いたり、専用のソフトウェアを用いたりする。立体的な3D（3Dimension）の映像を作成する場合もある。また、投影の対象は、建物などの建造物だけではなく樹木や人体、戸棚、机などあらゆるものが対象になる。

（9）デジタル案内板

デジタル案内板（デジタルサイネージ）は電子看板システムともいい、待合室やロビーなどで大型ディスプレイの画面に静止画・動画や案内の情報、テロップなどを混在表示する装置である。画面は、2分割や4分割などの表示レイアウトができる。また、タッチ式のディスプレイを使用して双方向の対話的な利用もできる。

（10）IoT

IoTは、Internet of Thingsの略で、モノをインターネットにつなげ、離れたところから情報をやりとりするという「モノのインターネット」のことである。たとえば、地域の農業生産活動における稲作においては、水

田の水量や温度管理に多大の労力がかかっているが、これを 1mm 単位の精度で水田の水位や温度などを常時測ることができるセンサーをインターネットにつなげ、センサーからの情報をスマートフォンやタブレットでいつでも確認できるようにすることで、生産性の向上を実現することが可能となる。このような IoT 技術の活用によって生産性の向上を図ることで地域の生産従事者の労力の低減を図り、その結果生み出される労力を地域創生のために活用し、その強化を図ろうとするものである。このような方法は間接的な情報戦略ではあるが、今後の展開が期待されものである。また、直接的には地域への人々の出入りにあたる主要な交通機関などにセンサーを設置して人数などを計測してさまざまな計画に役立てることなどが考えられる。

5．地域活性化のための情報の戦略的アプローチ

地域が活性化するためには、地域に人々が集まり、産業が振興して雇用が創出され、安全・安心な環境による豊かな生活を営むことができるようにすることが大切である。このため本書では、現代社会に大きな影響力を持つ ICT の活用という切り口で、情報戦略アプローチを観光・広報・情報伝達・産業・生活と文化の面から考えようとしている。

図表8　主な情報の戦略的アプローチ

観光の情報戦略	インターネット、アプリケーション、デジタルアーカイブ、観光のための情報インフラ等の観光の情報戦略
広報の情報戦略	ソーシャルメディア、サブカルチャー、デジタルアーカイブ等を活用した広報による情報戦略
地域の情報伝達と情報戦略	紙メディア、放送メディア、インターネット等による情報伝達の戦略
地域産業と情報戦略	産業振興、産業界等の情報戦略とその効果・問題点
生活・文化と情報戦略	街づくり、経済活動、インフラ、防災、医療、地域文化等の情報戦略

第1章

観光における情報戦略

森岡　宏行

　本章では、地域における様々な情報戦略の中で、観光について取り上げる。1つは情報インフラの整備に関することで、単なる整備だけでなく、戦略的な取り組みに関する事例を取り上げた。その他に、ウェブ上における観光誘致に関する取り組みの事例も取り上げた。現在の観光誘致は、ただ観光地を紹介するのではなく、その楽しさなどを想像できる取り組みが行われることが必要である。また、タブレットなどを含む携帯端末を利用した観光誘致から、観光中の利用への取り組みと技術についても取り上げた。これらの事例を踏まえながら、今後どのようにICTを戦略的に観光へ用いていくかを考えていく。

1．観光におけるICTの利用

　地域の活性化を考える上で、重要な要素になりやすいのが観光である。政府も外国からの観光を重視し、観光立国推進戦略会議では、2020年に2,000万人の外国人旅行者の訪日を目指すという当初の目標を4,000万人に変更し、ますます力を入れる方向に向かっている。

　国内の観光の状況は『「平成27年度観光の状況」及び「平成28年度観光施策」（観光白書）』を見てみると、図表1のとおり、宿泊旅行も日帰り旅行も2014年は約30,000人であった。2010年からの推移を見ても、伸び悩んでいることがうかがえる。

図表1　国内宿泊観光旅行延べ人数、国内日帰り観光旅行延べ人数の推移

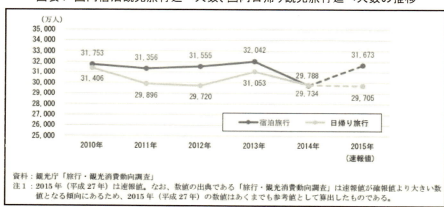

（出典：「平成27年度観光の状況」及び「平成28年度観光施策」（観光白書））

　このような状況の中でICTが観光に様々な場面で活用され始めている。観光は旅行をしている最中に注目しがちであるが、ICTの活用はその前段階から始まっている。観光におけるICTの活用はその点を含めて次のとおりである。

（1）ICTの活用のための情報インフラ

　まず、ICTを活用するためにはその土壌が必要である。この場合の土壌とは、コンピュータの普及とそれにともなうネットワークの普及である。

第1章　観光における情報戦略

コンピュータの普及は「平成27年通信利用動向調査」によると、2015年時点でのパソコンの普及率は76.8%であり、携帯電話の普及率は95.8%、そのうちスマートフォンは72.0%である。その他の機器の普及率も図表2のとおりである。

コンピュータ（端末）の種類も近年増加しているが、パソコンや携帯電話はその中でもかなりの普及状況になり、一般的なものになった。さらにそれらを繋げるネットワークであるインターネットの普及率も図表3に示すように年々増加し、2015年で83.0%になり、これも一般的なものになった。

図表2　情報通信端末の世帯保有率

パソコン	76.8%
スマートフォン	72.0%
インターネットに接続できる携帯型音楽プレイヤー	17.3%
携帯電話またはPHS	95.8%
インターネットに接続できる家庭用テレビゲーム機	33.7%
その他インターネットに接続できる家電（情報家電）等	8.1%
タブレット型端末	33.3%
ウェアラブル端末	0.9%

注：ウェアラブル端末とは、時計型のものやメガネ型に代表されるような、体に身に着けて利用するコンピュータのこと）
（出典：総務省「平成27年通信利用動向調査」のデータを修正して掲載
http://www.soumu.go.jp/johotsusintokei/statistics/statistics05.htm
（2016年9月5日アクセス））

図表3　インターネットの利用者数及び人口普及率の推移

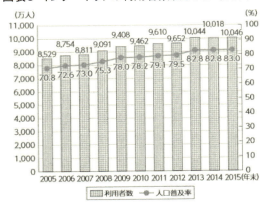

（出典：平成28年版情報通信白書）

コンピュータとそれに伴うネットワークの普及により、情報インフラの整備は整いつつある。しかし、観光におけるICTの活用は様々な場面を想定する必要があり、どこからでも接続できる、いわゆるユビキタスな環境を整えることが求められている。無線LANやLTE（Long Term Evolution、スマートフォンなどによる通信会社を利用した高速の接続）の環境など、情報インフラはインターネットの普及だけでは整ったとは言えず、これらの環境も整える必要がある。

（2）集客のためのICT戦略

　旅行者がその地域を観光するには、「温泉に入りたい」「名所をめぐりたい」など、何らかの動機が必要である。以前であればテレビや雑誌、井戸端会議等による口コミなどが考えられた。

　しかし、ICTの発達によってホームページによる戦略やソーシャルメディアによる戦略を駆使し、観光客を呼びこむことが可能となった。これにより、積極的な魅力の発信をインターネットユーザーに向けておこなうことで、一定の成果をあげる地域も出てきている。

（3）観光を楽しむためのICT戦略

　観光客が訪れた際に、その土地に観光的な魅力が少ない、あるいは伝わりづらいものであった場合、それを補助するものがあると魅力が伝わりやすくなる。有名な観光地であっても、魅力を伝えるための補助を有効に使うことは多い。よく目にするものであれば、観光案内所のパンフレットもそれに該当するし、資料館の案内板も一定程度その役割を果たしている。

　このような補助的な役割の中でもICTは利用され、それまでの観光をより拡張させて観光客に提供することが増えている。スマートフォン用のアプリケーションソフト（以下アプリ）を利用したクーポンなどのサービス案内であったり、GPS機能を使った音声ガイドシステムあったり、AR技術やプロジェクションマッピングを利用した観光資源の再発見など、ICTの活用は様々な場面でおこなわれている。

第1章　観光における情報戦略

２．無線技術における情報インフラの整備と情報戦略

前節における「（1）ICT の活用のための情報インフラ」のとおり、情報をやり取りするのに必要なコンピュータとネットワークは普及してきた。インターネットの普及は電話のアナログ回線を利用したモデムによる接続を中心に1990年代後半から進んでいき、現在は FTTH（Fiber To The Home、一般家庭への光ファイバーでのインターネット通信）による接続も増加している。

有線によるインターネット利用を考えた場合、これらは家庭、または学校や仕事先などのパソコンによる接続を念頭に置くことになる。図表4のとおり、2015年のインターネットの利用端末は、携帯電話（スマートフォン）による利用も増加し、パソコンと同程度になってきた。そのうえ観光客を考えた場合、自宅や自宅以外でのパソコンでの接続よりも、携帯電話やタブレット端末による接続を中心に考えたほうが良い。

図表4　2015年におけるインターネットの利用端末の種類

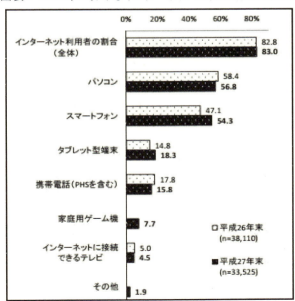

（出典：総務省「平成27年通信利用動向調査」
http://www.soumu.go.jp/johotsusintokei/statistics/statistics05.htm （2016年9月5日アクセス））

つまり、観光を見据えた情報戦略を念頭に置く場合、情報のインフラは、インターネットの普及率だけでなく、無線による接続も考える必要がある。そこで、この節では情報におけるインフラの中でも、無線に関するインフラの状況を中心にまとめ、今後どのような戦略が必要かを考えていく。

（1）観光中に利用される無線によるインターネットの接続の種類
① SIMカードの利用による接続（移動通信）

SIM とは Subscriber Identity Module の略で、SIM カードは携帯電話端末利用者の識別をおこなうために必要な IC カードである。SIM カードにもいくつかの種類があるが、開通作業をし、携帯電話にこのカードを差すことにより、電話の利用やパケット通信（データを小さな単位に分けて、伝送するする方法）の利用などがおこなえるようになる。これにより、通信会社の通信網を利用してインターネットへ接続することができる（移動通信）。LTE の登場で、移動通信によるデータ通信も高速化した。

また、種類の異なる携帯端末でも、同じ種類の SIM カードを利用でき、通信形式も同じであれば、SIM カードを入れ替えて利用することも可能である。しかし、日本においてはこれまで携帯端末に特定の利用者（SIMカード）しか使えない SIM ロックがおこなわれていた。現在は2014年12月に総務省による「SIM ロック解除に関するガイドライン」の改正がおこなわれた（総務省「「SIM ロック解除に関するガイドライン」の改正」http://www.soumu.go.jp/menu_news/s-news/01kiban03_02000275.html）ことによって、2015年5月以降に発売される携帯電話の SIM ロックの解除をおこなうことが義務化されたが、SIM ロックを解除できない期間（180日）が設けられているのが現状である。

SIM ロックに対して、SIM カードが自由に使える状態を SIM フリーといい、海外ではこちらの方が主流である。観光客にとっては、携帯端末を変えずに海外の通信網を利用することも可能になり、海外からの観光客も、短期間用の SIM カードが発売されるなど通信網の利用がしやすい環境が整ってきた。

また、ノートパソコンやタブレット端末をインターネット接続する方法として、SIM カードの入った端末を通して（親機として）、移動通信の通信サービスを利用するテザリング機能が利用できる端末が増えている。こ

れにより、さまざまな端末を用いたインターネット接続が、場所の制約を受けずに可能になり、ICT を利用した観光をおこないやすい環境ができつつある。

②無線 LAN による接続

有線 LAN によるインターネットの接続だけでなく、無線 LAN によるインターネットの接続も一般的になりつつある。総務省における通信利用動向調査によると、家庭内における無線 LAN の利用は52.0%である（図表5）。

図表5　2014年における家庭内無線LANの利用状況

利用している	52.0%
現在利用していないが、導入する予定がある	4.3%
利用していないし、導入の予定もない	40.8%
無回答	2.9%

無線 LAN にはいくつかの規格が存在し、IEEE 802.11 に関連する規格（11a/11b/11g および 11n）が代表的な規格である。特にこの規格に準拠し、異なるメーカーでも接続できることを保証したもの（保証は業界団体の Wi-Fi Alliance がおこなう）を Wi-Fi（ワイファイ）とよぶ。このことから無線 LAN と Wi-Fi はほぼ同じ意味として扱われることも多くなった。

LTE が登場したことにより、SIM カードを利用した接続が自由におこなえる環境であれば、無線 LAN による接続の必要性は限定的になるように考えられそうだが、通信会社を利用したデータ通信は、パケットの総量で料金が決められることが多く、定額制のものであっても、ある一定の通信量に達すると通信速度の制限がかかる仕組みになっていることがほとんどであるため、SIM カードによるデータ通信も、自由におこなえるわけではない。特に年々、携帯端末やタブレット端末の高性能化と通信速度の向上により、国内のデータ通信量が増加している（図表6）。

図表6　移動通信による月間平均トラフィック量の推移

（単位：Gbps）

集計年月	2014年6月	2014年9月	2014年12月	2015年3月	2015年6月	2015年9月	2015年12月	2016年3月
月間平均トラフィック	上下合計	上下合計	上下合計	上下合計	上下合計	上下合計	上下合計	上下合計
平均(Gbps)	729.8	822.4	870.9	969.0	1032.3	1181.6	1216.9	1328.7

※移動通信事業者6社（NTTドコモ、KDDI、ソフトバンクモバイル、イー・アクセス・UQコミュニケーションズ、Wireless City Planning）の平均トラフィック量。
（出典：総務省「情報通信統計データベース」を修正して作成
http://www.soumu.go.jp/johotsusintokei/field/tsuushin06.html）

これは個人の通信量の増加も意味し、利用者は多額の通信費を支払うか、定額制であっても一定量の通信量になったら、通信速度の低下という制限を受けて通信を続けるかの選択に迫られる。このような通信量を考慮しながらの利用をするという状況では、ICT を利用した観光の戦略も制限されてしまう。
　そのことから観光の視点においても、様々な場所で無線 LAN の利用できる環境が必要であると考えられ、国内でも公衆無線 LAN の設置が進みつつある状況であるが、利用者のセキュリティ意識の問題も含めて今後の課題となっている。

(2) SIMカードの利用による観光の情報戦略
　国内において携帯電話の利用率は、前節の図表２で示したとおり95.8％である。このことから国内で生活している人々は、個人で所有している携帯電話の SIM カードを利用した通信をおこなっていると考えられる。情報戦略として考えた場合、外国人旅行者の通信環境を考える必要がある。
　外国人旅行者向けの SIM カードとしてプリペイド型の SIM カードの提供がおこなわれている。利用するデータ量で料金を決めるタイプと利用期間で料金を決めるタイプがある。
　これらの SIM カードは家電量販店やコンビニエンスストアで購入することができる。さらに、プリペイド型 SIM カードの自販機も登場している。外国人旅行者の場合は、空港内は無線 LAN が利用できることが多いのでそれを利用することも考えられるが、空港を出てしまうと利用できなくなってしまうので、空港内で SIM カードを手に入れられるとよい。現在、パスポートから契約者情報を読み込むことで、購入直後に SIM カードが使える機能をもった自販機も登場している。
　（参考：NTT コミュニケーションズ　企業情報　ニュースリリース　http://www.ntt.com/release/monthNEWS/detail/20150327.html （2015年8月20日アクセス））

図表7　プリペイド型 SIMカード

（出典：OCN）

図表8 プリペイド型SIMカードの自販機（撮影場所：お台場）

図表9 SIM自販機のスクリーン

　この図表8と図表9に示す自販機ではSIMカードの他にSIMフリーのスマートフォンや電源アダプター、Wi-Fiルーターも販売している。また、スクリーンの表示は英語と中国語が採用されている。

　このように、プリペイド型のSIMカードで外国人観光客をターゲットとして販売する戦略がとられ始めている。スマートフォンを利用した無線LANによるインターネットへの接続は、アクセスポイントが限定的になってしまい、どこでも利用できるというユビキタス的な特性を持つスマートフォンの活用を考えた場合、SIMカードの安価で容易な一時的利用は情報戦略として重要なポイントになる。

図表10 契約者情報の確認用のパスポートの読み込みセンサー

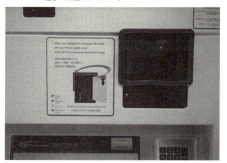

（3）無線LANの利用による観光の情報戦略

　LTEを利用した通信と違い、公衆無線LANによる通信の場合、インターネットへアクセスするには、アクセスポイントが近くにないと利用できないデメリットがある。しかし、公衆無線LANは、無料でサービスが提供されている場合も多く、有料であってもパケットの通信量によって料金

が決められるのではなく、時間や日数で料金が決められるので、パケットの通信量を気にしながら通信しなくてもよいというメリットがある。

観光客が無線LANを利用する場合、通信会社が提供するアクセスポイントの利用の他に、カフェやコンビニエンスストアなどが提供するアクセスポイント、駅や施設が提供するアクセスポイントなど、多くの人が利用できる公衆無線LANの利用が考えられる中で、徐々にそういったアクセスポイントが増えてきている。

図表11 国内の主要な施設における無線LANの提供状況

空　港	国内97空港のうち、54空港
鉄　道	JR東日本、JR東海、JR西日本、東京地下鉄道会社（東京メトロ）、京浜急行電鉄、阪急阪神ホールディングス（阪急電鉄及び阪神電気鉄道をはじめとするグループ全駅（157駅）および9施設）
宿泊施設(ホテル等)	全国の4,482施設（FREESPOT協議会提供サービス）
コンビニエンスストア (2014年3月時点)	セブンイレブン：約14,000店舗（スーパーマーケット等グループの他業態も含む） ファミリーマート：約9,600店舗 ローソン：約10,500店舗

（出典：総務省「国内と諸外国における公衆無線LANの提供状況及び訪日外国人旅行者のICTサービスに関するニーズの調査研究」のデータを修正して掲載）

アクセスポイントの増加だけでなく、公衆無線LANの利用者数も徐々に増加し、2015年度で2,779万人になっている。

コンピュータのモバイル化により、ノートパソコンだけでなく、タブレット端末やスマートフォンの利用による無線LANの接続のニーズが多くなることを考えれば、主要インフラだけでなく、観光施設にも公衆無線LANのアクセスポイントの設置が求められる。

特に、コンテンツ（ホームページによる観光情報など）が多様化し、大容量のコンテンツも利用されることが多くなった。スマートフォンを利用していても、無線LANではなく、SIMカードを利用した通信では、映像を利用するような大容量の通信をおこなうと、通信量の制限に引っかかって

第1章 観光における情報戦略

図表12 公衆無線LANサービス利用者数の推移と予測

※各年度末（3月末時点）の利用者数。2015年度以降は予測値。
※利用者の定義は1か月に1回以上の利用があるユニークユーザー。

（出典：ICT総研「2015年 公衆無線LANサービス利用者動向調査」
http://ictr.co.jp/report/20150416000081.html（2015年8月20日アクセス））

しまい、日常の利用にも支障をきたす可能性が出てくる。観光による通信の利用は、観光情報の検索だけでなく、それに付随するさまざまなサービスへのアクセスをおこなう。通信量は必然的に多くなってしまい、通信量を気にしながらアクセスする必要が迫られる。これを防ぐためにも、国内外の観光者に向けた無線LANの利用ができる環境の構築が必要であり、それとセットでサービスを考えることが課題になってくる。

例えば、千葉県大多喜町では無線LANとARシステムを組み合わせたICTによる観光情報の提供をおこなっている。この町では、観光案内所などにある自動販売機にWi-Fiのシステムを導入して、観光客が観光情報を集めることが出来るようになっている（図表13）。

この自販機のWi-Fiサービスに接続をすると、大多喜町の観光協会ホームページに接続される。そこから、施設や店舗を探すなど観光に関するコンテンツにアクセスすることができる。また、インターネットへの接続も時間限定でおこなえる。大多喜町はこれを活用し、ARの技術を用いた観光案内を展開している。ARによる観光案内の詳細は「4．ICTを活用

図表13 大多喜町の無線LAN対応自販機

図表14 大多喜町の無線LAN対応自販機の無料Wi-Fiサービス

した観光拡張戦略」で述べるのでここでは割愛するが、これにより無線LANと動画のコンテンツの展開が連動し、容量の課題を解決させることができるようになり、大容量のコンテンツと通信制限の課題に一石を投じている。

図表15 大多喜町のWi-Fiサービスからアクセスした観光協会ホームページ

図表16 インターネットへの接続時のユーザー登録画面

第 1 章　観光における情報戦略

　「（１）観光中に利用される無線によるインターネットの接続の種類」のとおり、無線によるインターネットの接続は SIM カードでの接続と Wi-Fi 接続が考えられるが、今後の観光における情報戦略ではこれらの接続の組み合わせを考えていく必要がある。具体的には、SIM カードの利用は情報の検索に利用し、Wi-Fi は、その観光地のコンテンツの検索、あるいは受信に利用する。つまり、接続の使い分けを意識するように導線をひくのである。

　これらはスマートフォン、あるいはタブレット端末での利用を念頭に置いているが、SIM カードの利用はスマートフォンを持っているほとんどの人がおこなっているので、観光を誘致する側が何かする必要はあまりないだろう。むしろ Wi-Fi の設置が重要になるが、それだけではあまり効果がない。それは、Wi-Fi を設置するのかを考えた場合、インターネットへ接続するためであるのならば SIM カードの利用で済むのである。したがって、Wi-Fi は SIM カードの利用を補完していく立場に立たなくてはならない。

　情報社会が成熟し、インターネット上のデータ転送のスピードが速くなったため、インターネット上で利用される情報の種類が多様になり、リッチコンテンツ（動画や音声など大容量のコンテンツ）も当たり前に利用できるようになった。しかし、SIM カードの利用による通信では、通信速度に問題なくても、通信量の問題が出てくるようになった。現地でスマートフォンのアプリを利用した観光を考えた場合、観光客に魅力を伝えることを考えればリッチコンテンツの利用を検討する必要があるのに、通信量制限でリッチコンテンツが活かせないというジレンマに陥る。

　Wi-Fi による接続であれば、通信量の制限はない。リッチコンテンツも問題なく使えるのである。観光地における Wi-Fi 設置の例は枚挙にいとまがないが、有効活用ということを考えた場合、Wi-Fi 設置は、この観光地を楽しむためのリッチコンテンツの提供とのセットを考えていく必要がある。

　さらに、スマートフォンの位置情報は GPS で測定されるが、Wi-Fi を利用すると位置情報がより正確に測定されることが多い。これによって、位置情報を利用したサービスの提供にも効果的となる。

　外国人観光客を考えた場合も、プリペイド型の SIM カードの利用の促

進もユビキタスな利用の観点では重要であるが、自販機で販売し、パスポートのスキャンですぐ利用できるようになったとはいえ、コンピュータが苦手な人には敷居も高い。Wi-Fi の利用できる環境は歓迎されるだろう。

図表17　SIMカードとWi－Fiにおける有効な利用方法の分類

SIM カード	・情報検索（乗り換え案内、地図検索など） ・メッセージのやりとり（メール、メッセージアプリ等によるコミュニケーション）
Wi-Fi	・観光アプリの利用（リッチコンテンツ） ・位置情報を利用した観光情報の提供 ・観光地に関する情報検索（旅館などで時間をかけて利用）

　これらのことから、今後の情報インフラにおける情報戦略は、SIM カードを利用した通信を念頭に置いた通信量が抑えられる形での情報提供と、無料 Wi-Fi の設置と同時に、その Wi-Fi を利用してその観光地の魅力を再発見できるようなコンテンツの提供を考えていく必要があるだろう。

3．ICTを活用した誘致をおこなうための情報戦略

　観光客を受け入れる準備がどれだけ整っていたとしても、観光のできる場所として認知されたり、行ってみたいという欲求が持たれなければ、観光は成立しない。この節では ICT、特にウェブを活用した誘致活動を重点においてその情報戦略について考えていく。

　インターネットが普及する前から、観光を誘致するために様々な手段がとられてきた。特に、マスメディアに観光地が取り上げられ、様々な紹介がされる場面は現在もよく見られる。雑誌やテレビによる特集は多くの一般人の目に触れるので、大きな効果が期待される。

　このような形の情報の提供は、一般的にマスメディアの特性を利用するので、一方的に情報が提供される（図表18）。

　このモデルは多くの人々に情報を伝えることができるものの、利用できる観光地が限定的になってしまう。例えば、もともとある観光資源の魅力がインパクトを持っているものでなければ特集を組まれることはまれである。広告を展開するにしても、数多くの人々に認知されるには多額の広告

第1章　観光における情報戦略

図表18　マスメディアを利用した情報提供モデル

費をかけていかなくてはならない。

　観光資源が乏しかったり、交通が不便であったり、資金力が乏しかったりするとこのモデルの利用は難しく、元々認められている価値の増幅には適しているものの、他の観光地と比較してその価値が認められていない観光地には、使いづらいモデルである。

　インターネットが普及し始め、ホームページも一般的に見られるようになると、ホームページによる情報提供も多く利用されるようになる。特にCMのようなマスメディアを利用した情報提供と比較すれば、ホームページを作ることは比較的に費用が安い。しかし、情報を相手に押し出す（プッシュ型）CMとは違い、検索やURLの直接入力によって相手から情報に近づく必要がある（プル型）ホームページでは、情報へのアクセスまでの道のりが遠い。

　一方通行のマスメディアを利用した情報提供モデルとは異なり、情報の流れがインターネットの登場によって、掲示板（BBS）や電子メールを利用したインターネットユーザーからの問い合わせなどができるようになり、Q&Aのコンテンツのような相互的な情報の流れが可視化される土壌が形成されるようになった。

　その中でもインターネットユーザーが増えると、そのインターネットユーザーがウェブサービスを通じて、訪れた観光地などを評価することができるようになる。口コミサイトと呼ばれるホームページである。これらの登場により、インターネットによる新しい情報提供のモデルが一般的になってきた（図表19）。

　口コミサイトにより、あまり知られていなかった観光地でもホームページによる情報提供だけでなく、インターネットユーザーの評判の利用も可能になった。評判を知ったユーザーがホームページを検索するなど、インターネットでの情報へのアクセスの可能性はこれらの相互作用も考えれば

図表19 インターネットを利用した情報提供モデル

高くなる。

　総務省による2012年の調査によると（図表20）、観光情報を手に入れるメディアとしては、テレビからが一番多いもののマスメディアとインターネットで分けると（図表21）、その差は10％で、インターネットを利用した観光に関する情報の提供は必要不可欠である。

図表20　観光情報の取得に利用するメディア（単位：％）

	マスメディア			インターネット						
	テレビ	ラジオ	新聞・雑誌	報道/文字サイト	報道/映像サイト	その他一般の映像サイト	インターネットラジオ	ソーシャルメディア	行政機関・企業サイト	その他一般サイト
観光情報	27.8	0.5	26.6	21.6	1.5	1.9	0.0	1.3	7.2	11.7

（出典：総務省「ICT 基盤・サービスの高度化に伴う利用者意識の変化等に関する調査研究」）

図表21　観光情報の取得に対するインターネットとマスメディアの割合（単位：％）

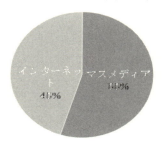

　次に、情報社会が成熟した現在のホームページによる情報の発信や様々なツールを用いたインターネットによる情報提供についての事例を取り上げる。

（1）体験型観光を提供するホームページ

　観光はこれまで「遊覧」「物見遊山」といったものがキーワードになるような「観る」ことに注目が集まっていた。ホームページの観光情報も、それを中心に提供していたが、多様な魅力の発信をおこなっていく環境になり、体験型の観光が着目されるようになる（参考：官公庁「ニューツーリズムの振興」http://www.mlit.go.jp/kankocho/page05_000044.html（2015年8月20日アクセス））。

　体験型の観光とは、その土地で生活している人が日頃体験しているものや、地元の人が知っている場所やその土地に関する様々知識などを体験す

るものである。国内の旅行者にとってもその時にしか味わえないオリジナルの旅行にすることができ、外国人旅行者にとっても、イメージの日本ではなく実際の日本を体験できることから注目を集めている。

　ホームページでも、体験型をコンセプトにしたものが登場しており、その土地で暮らしている人が「ホスト」になってホームページ上で様々な体験ツアーの参加を呼びかけるものが登場している。仕組みとしては、その地域で働いていたり、暮らしていたりする人に、ホストとしてホームページにプロフィールなどの登録をしてもらう。それから、実際の体験ツアーを企画し、その内容をホームページ上で公開し、参加を呼びかける。体験ツアーの内容は、ホストがガイドになって地元を案内するようなものであったり、農業体験、料理体験のような実際にホストとの作業を体験するものであったり、ホームページには様々な企画が集まっている。

図表22　体験型ツアーの企画

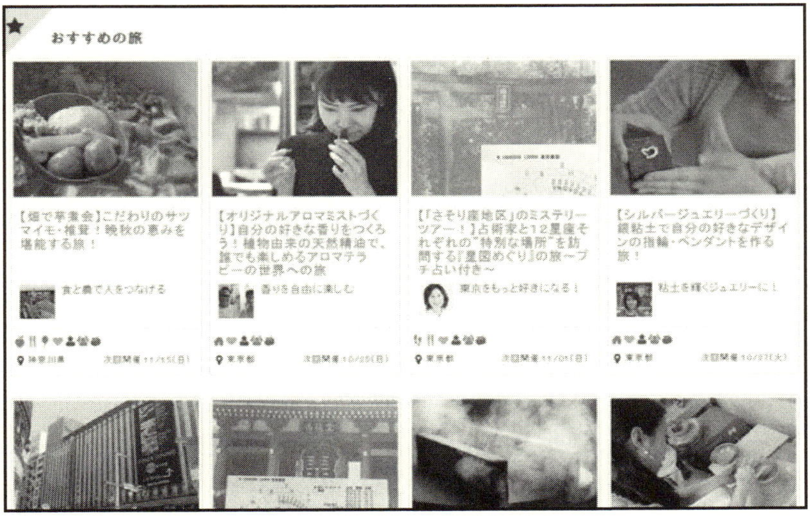

（出典：TABICA　https://tabica.jp/（2015年8月20日アクセス））

（2）ソーシャルメディアとアプリの活用

　スマートフォンの普及で、アプリによる観光の誘致もおこなわれている。特にインターネットのインフラの整備が進んだことで、大容量のデータ通

信ができるようになったこともあり、誰でも写真や動画の投稿が簡単におこなえるようになった。Instagram（インスタグラム）は写真や短い動画をコメント付きでインターネット上に投稿するアプリであり、若い世代を中心に利用が進んでいる。このアプリは写真を利用したソーシャルメディア（個人が多数の人に情報を伝達するための技術）でもあり、日々投稿された写真が、Instagram を通して他のユーザーに公開されている。例えば京都にある清水寺も Instagram のアカウントを開設しており、清水寺の風景のみならず、修行の様子など色々な場面の写真が投稿されている。

図表23 Instagram上の音羽山清水寺のアカウント

（出典：https://instagram.com/feel_kiyomizudera/ （2015年8月20日アクセス））

　Instagram はソーシャルメディアであることから、その利点を活かした活用方法も考えられている。ハワイ州観光局では日本人向けにInstagram を活用したキャンペーンをおこなった。このキャンペーンは、ハワイで撮影した写真を「#instagenichawaii」というハッシュタグをつけて投稿すると、特設サイトにその写真が表示されるというものである。ハッシュタグは「#」をつけた共通の文字を投稿する文の中につけることで、共通の話題を検索しやすくするためのものである。これを利用して、一般の人達の目線によるハワイの写真を集めて、その魅力を伝える機能を果たしている。

　特にこの特設サイトでは、Instagram に投稿される写真にハッシュタ

グが複数つけられることにも着目しており、「#instagenichawaii」で投稿された写真の中で、さらに他のハッシュタグが追加されている写真も、特定のハッシュタグのものはその種類の写真をまとめて表示することができる。

図表24　ハワイ州観光局による特設サイト

（出典：http://instagenichawaii.com/
（2015年11月3日アクセス））

（3）ソーシャルメディアのユーザーによる情報の拡散

ソーシャルメディアによって観光地が話題になるには、ユーザーがその観光地に関する話題を取り上げる必要がある。長野県下高井郡山ノ内町にある渋温泉は、開湯して1300年という歴史のある温泉地であり、交通の便が決して良い場所ではないにも関わらず、ソーシャルメディアの Twitter（ツイッター）上でのユーザー同士のやり取りが活発におこなわれた。

図表25　ゲーム内の町並みを再現した温泉街の様子

この観光地では、携帯型ゲーム機のソフトウェア会社と共同で、イベントをおこなっている。もともと、2010年にこの温泉街の町並みをゲーム内に登場する町に見立てて、町の中でさまざまなイベントをおこなった。

この企画が話題になり、2週間ほどの企画だった最初の企画から、2011年には1か月の企画になり、2013年には、このゲームのシリーズの最新作

の発売に合わせて1年間の企画となった。この企画の開催期間中、渋温泉はこのゲームにちなんだイベントが用意された。ゲーム内で登場する食べ物やゲーム内のキャラクターをモチーフにした食べ物を売り出したり、9つの外湯を巡る「九湯巡り」にある観光用のスタンプにゲームキャラクターのスタンプを加えたり、ゲーム内に登場するモンスターの足跡を、町の中の複数箇所に設置したり、ゲームの世界観を楽しめるように工夫されている。

　この企画から、Twitter上でさまざまなユーザーがこの話題を取り上げた。特徴的なのが話題の取り上げられ方で、ホームページで取り上げられて話題になる場合は、そのホームページのURLがリツイート（引用）されることになるので、情報はURLやホームページ名、中身のタイトルなどが多くなり、話題の多様性が乏しくなりやすい。しかし、2013年のこの企画では、Twitterで渋温泉をキーワードに検索を行い、その中のこのゲームの内容に関するものを分類してみると、ユーザーによる様々な意見の書き込みが見られた（図表26）。

図表26 「渋温泉」に関するツイートからゲーム内容に関するツイートを一部抜粋したもの

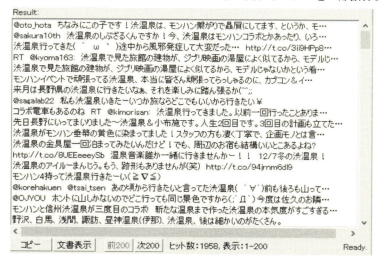

　これらの書き込みはユーザーの中で情報をやりとりながら拡散されていく。この事例のような「ソーシャルメディアを利用した情報提供モデル」

は、同じ話題の情報であっても、様々な視点による投稿が拡散されるので、知名度の上昇だけでなく、行ってみたいと思わせることもできる。

渋温泉の利用者数を見てみると、1997年以降大きく下落傾向にあったものの、この企画がおこなわれた2010年から下げ止まり、横ばいの傾向になっている（図表27）。

図表27「山ノ内町（湯田中渋温泉郷）延べ利用者数の推移」

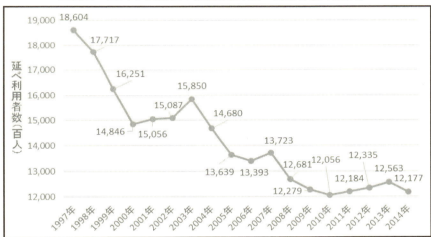

（出典：長野県公式ホームページ内長野県観光関連統計「平成24年観光地利用者統計調査結果」
http://www.pref.nagano.lg.jp/kankoki/sangyo/kanko/toukei/documents/26kankouchi.pdf（2015年8月20日アクセス））

（4）VR体験

VRのような仮想現実を利用した魅力の発信もおこなわれ始めている。北海道美唄市ではスマートフォン用のアプリを利用して、観光スポットを体験することが出来る。

このアプリはスマートフォンやタブレット端末の傾きの検知機能を用いて、画

図表28 VR体験アプリの画面

面をかざしながら、見る方向を変えていくと、画像も方向が変わっていき、周辺の景色や上空も見ることができる。これを利用して、美唄市のいくつかの観光スポットを、その場に行かなくても、端末をかざすことで体験できる仕組みになっている。また、一部では動画が流れる仕組みになっており、動画も同じように方向を変えて見ることができる。

　これらの事例のように、パソコンにかぎらず、タブレット端末やスマートフォンなどの小型コンピュータの登場でインターネットの利用が生活の一部になり始めたことで、ソーシャルメディアを利用したコミュニケーションも多くおこなわれるようになった。これにより、観光の情報は図表29のように、ソーシャルメディアの利用したユーザー同士で広げられることも増えてきた。観光地の魅力を様々な切り口で提供することで、インターネットユーザー同士がソーシャルメディアを通じて、その魅力を拡散していくという構図が頻繁に見られるようになった。

図表29 ソーシャルメディアを利用した情報提供モデル

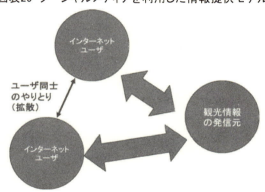

　このように、限られた方法でしか観光地の情報を提供することができなかった状況から、インターネットの登場で情報を提供することの敷居が低くなり、様々な観光の情報を提供できるようになった。しかし、それはどの観光地でも情報の提供ができるようになるということであり、その結果、観光の情報が溢れてしまう。その中でソーシャルメディアの登場は、発信した情報がインターネットユーザーの手で広まるよう、観光地の魅力の伝え方が重要になり、様々な観光地で多様な魅力の発信に力を入れることが可能になった。

これにより、有名な観光名所や温泉を持っている観光地でなくても、その地域の魅力を再発見し、観光地として活性化させることは可能な状況になった。ICTを通して観光客にどのように魅力を伝えるかということへの創意工夫が重要であり、簡単に活性化されるという話ではないが、紹介した事例のように、さまざまなアプローチをおこない、ソーシャルメディア等を通したインターネットユーザーのコミュニケーションにつながるような方策を考えていくことで、これまで焦点がなかなか定まらなかった観光地でも、活性化する可能性が十分出てくる状況になった。

4．ICTを活用した観光拡張戦略

観光地の候補や情報をどのようにICTを活用して伝えるかということ以外に、実際に観光するときも、観光地をより楽しく感じ、魅力を発見してもらうことで、新たな評判を得たり、リピーターが増えたりし、観光地はより活性化される。

本節ではICTを活用して、観光地で観光をおこなう際にICTを利用する様々な事例をとりあげる。

（1）音声ガイドシステム

東京都千代田区による音声ガイドシステムの「声ナビ」は、皇居を中心とした千代田区の史跡などを、スマートフォンなどを利用して、音声ガイドで紹介するシステムである。

このシステムは、ホームページに直接アクセスしてこの機能を利用することができ、アプリをダウンロードする必要はない。また、GPS機能を利用して、自動音声で案内させることも可能である。これにより史跡に近づくと、自動的に史跡の説明をする音声が流れるようになる。

音声ガイドシステムは、画面を見て操作しないでも音声を聞くことができるだけでなく、従来の録音データを流すだけの音声ガイドでは、それに合わせて移動をする必要があったが、このシステムであれば利用者のペースで観光を楽しむことができるという点で利用価値が高い。

図表30 「声ナビ」の画面

図表31 実際の史跡と自動音声時の「声ナビ」の画面

図表32 皇居内における実際の自動音声案内のポイント

(出典：Chiyoda City Tourism Association
http://audioguide.jp/chiyoda/index.php?t=10&guid=ON （2015年8月20日アクセス))

第 1 章　観光における情報戦略

（2）ARシステム

　ARシステムは、「Augmented Reality（拡張現実）」のとおり、コンピュータの処理を通して現実の環境に変化を加えるものである。例えば、スマートフォンなどのカメラ機能を用いて現実の世界に様々な情報を付加したものを画面に映すことが可能になる。

　栃木県宇都宮市では観光アプリを用いて、ARを使った観光情報を提供している。これはスマートフォンに宇都宮市が観光施設などの情報を提供するアプリを導入して利用する。飲食店の情報やイベントの情報など観光に関する情報を探すためのアプリである。

図表33　宇都宮市の観光アプリ

図表34　宇都宮城址公園とそこにARを付加した様子

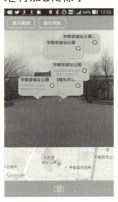

このアプリは、AR を利用した観光案内が導入されており、アプリのメニューを選択するとカメラ機能が立ち上がり、画面に映る町並みにエアタグと呼ばれる文字情報が付加される。これにより、画面をかざした方向にどんな観光施設や飲食店があるのかといったものが表示される。
　「2．無線技術における情報インフラの整備と情報戦略」で触れたとおり、千葉県大多喜町では無料 Wi-Fi と AR システムを組み合わせた ICT による観光情報の提供をおこなっている。
　これは、図表35に示すように観光案内所などで配布している観光ガイドマップに載っている写真を、専用のスマートフォンのアプリで映すと写真が画面上で動画として映しだされる仕組みで、観光名所の様子がわかるようになっている。

図表35　観光ガイドマップによるARを使った動画配信

　写真を映すとインターネットを通して動画を受信する仕組みになっていることから、無料 Wi-Fi の利用により SIM カードの利用での通信量を抑えられるようにしている。

（3）位置情報ゲームの利用
　観光にゲームを利用することも魅力の再発見にとしては有効な手段である。古くからスタンプラリーのような観光にゲーム性を持ち込んだものがあり、ICT を利用することでアプローチの仕方も広がっていく。
　特に「コロニーな生活」というゲームの登場で、注目が集まった。このゲームは、携帯電話による仮想の町を作るゲームである。このゲームでは、実際に移動をして、その距離に応じて通貨を獲得し、町を発展させていく

第1章　観光における情報戦略

というものである。また、スタンプラリー的な要素として区分けされた地域に移動すると、そこでしか手に入らないアイテムが手に入ったりする。町を発展させたり、さまざまなアイテムを手に入れたりするには、全国各地に行く必要がある。人気の高まりにより、代理店によって実際の町を訪問するツアーが組まれたりした（現在も他の人気位置情報ゲームではツアーが組まれることがある）。このようなGPSなどの利用により、ユーザー本人が移動しながらゲームをおこなうことになるゲームを位置情報ゲーム、通称「位置ゲー」と呼び、観光の利用に注目が集まっている。

Googleが開発したIngressは、岩手県や神奈川県横須賀市などによって観光のために利用されている無料のゲームである。Ingressは世界中を仮想の空間に見立てた地図を使い、ポータルと呼ばれる場所（ユーザーが申請して登録される陣地で、観光名所のような場所が多い）をめぐって陣取りゲームをおこなうゲームである。

2014年に岩手県では、Ingressのゲーム性に目をつけて、このポータルをユーザーが登録するために行く企画を立ち上げた。ゲームの内容を考えると、ポータルがないところではゲームがおこなえないが、ポータルにな

図表36　Ingressの表示画面

図表37　イベントのチラシ

（出典：岩手県ホームページ　http://www.pref.iwate.jp/dbps_data/_material_/_files/000/000/031/399/machiaruki.pdf（2015年11月5日アクセス））

51

りそうな場所を探して申請をしていくという内容でイベントをおこなっている。

　申請が通り、新しくポータルができ上がると、申請したユーザーにも特典が入る（2014年当時）状況もあり、多くのユーザーが参加した。

　横須賀市では、Ingress ユーザーに、横須賀市における Ingress の情報

図表38　横須賀市のIngressの特設ホームページ

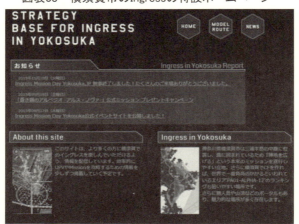

（出典：http://www.cocoyoko.net/ingress/（2015年11月10日アクセス））

図表39　Missionの選択画面と横須賀市が作成したMissionの画面

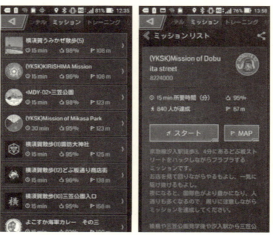

第 1 章 観光における情報戦略

に特化したホームページを提供することで、観光とゲームを組み合わせた方策を打ち出している。

また、ゲームの中でも横須賀の町を楽しめるような仕掛けを作っている。Ingress には Mission と呼ばれるモードがある。これはポータルをめぐり、さまざまな課題をクリアするものである。クリアをすると、ゲーム内でメダルを手に入れることができる。この機能を利用し、ポータルを動線にし

図表40　実際に町を歩きながらゲームをしている様子

図表41　観光名所となるポータルおよびMissionクリアの画面

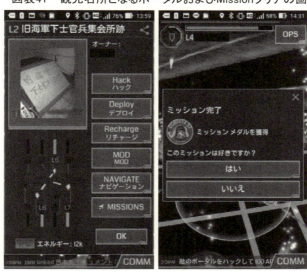

て、観光ルートを作成することで、ゲームをおこないながら観光もできるような状況を整えた。

　このように、ICT による観光へのアプローチは、さまざまなものがある。今後もさらに多くの技術が観光に利用されていくだろう。しかし、利用する側の立場で考えると、このまま多様な技術の採用を推し進めても、利用しにくい。

　本章ではいくつも事例を取り上げたが、利用する媒体やサービスも様々であった。スマートフォンに限定しても、VR、AR、位置ゲームを利用した観光へのアプローチをいくつか紹介したが、これらを利用するためには、その観光地ごと（またはサービスごと）に専用のアプリをダウンロードする必要がある。

　AR に関してもいくつかの事例を紹介したが、これらは全てそれぞれ専用のアプリをダウンロードして利用する必要があるので、観光地に行くたびに必要なものをダウンロードするということをおこなわなければならない。スマートフォンの容量も限界があり、いくつものソフトをダウンロードするという作業や、観光地ごとに専用のソフトを探す作業など、容量の問題や手間の問題を抱えてしまう。これでは観光全体として ICT の利用の普及は進みにくくなるだろう。

　現状を考えると、これらの技術は利便性の向上が急務である。そこで、これらの技術を利用するソフトウェアを絞り込めるように、標準化をおこなう必要がある。図表42のように、共用の観光アプリを利用し、どの観光地でも関係なく観光地のサービスを利用できるようにすると利用がしやすい。

図表42　標準化された観光用アプリの利用の図

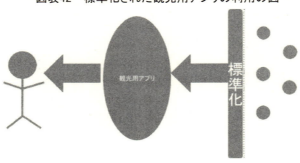

第 1 章　観光における情報戦略

　この形は、インターネット上の様々なサービスをブラウザで利用する形に似ている。例えば、音声ガイドシステムで紹介した「声ナビ」は、ブラウザ上で利用できるシステムであるため、新たなアプリを利用する必要はない。
　他の技術もブラウザで利用するように開発するのが望ましいが、ブラウザはウェブページの閲覧ソフトなので、観光に関する様々な技術を最適に使えるようにするのは難しい。
　このようなことから、ICT を利用した観光を促進させるには、以下のような戦略が必要になると考えられる。

a．ウェブなどで観光地への興味関心を引く（ただの紹介ではなく、楽しさなどを想起させるように）
b．携帯端末（タブレットを含む）によるインターネットへの接続に関するインフラ（無線 LAN）の普及と、それを利用した観光のサービスの促進
c．観光アプリの標準化

　ICT を利用することで、観光がより楽しくなることと、その利用が簡便であることが重要になる。
　本章の事例でとりあげたように、現在も様々なサービスや技術の開発が進められている。それらがより多くのユーザーに利用され、観光が促進され、地域の活性化につなげるには、開発した技術やサービスと利用するユーザーの間をうまくつなげていくことを今後は考えていく必要があるだろう。

第2章

地域広報における情報戦略

森岡　宏行

　本章では、地域での広報を中心とした情報戦略について考える。情報戦略において重要なICTを活用したものとして、代表的なホームページだけでなく、様々な新しい情報技術の活用について考える必要がある。
　さらにICTの活用による広報の中でも、ソーシャルメディアの活用が一般的になってきていることから、代表的なソーシャルメディアによる広報についての戦略も探る。
　また、広報に活用されることが多いサブカルチャーを取り上げ、どのように広報へ結びつけているかも重要な情報戦略である。
　このように、様々な広報の情報戦略が必要であることを踏まえ、今後の情報戦略について考えていく。

1．ICTを活用した広報戦略

　地域における様々な情報を提供するとき、市役所などの広報がその役目を担うことが多い。放送メディアや広報誌、ホームページなどを利用した自治体の取り組みは、以前よりおこなわれていたが、ICT の進歩により様々な取り組みがおこなえるようになった。ここでは、インターネット普及と同時に利用されていたホームページの新たな事例や ICT を活用した事例を取り上げる。

（1）地域特化型電子書籍ポータルサイト「Japan ebooks」
　地域に関する広報は、インターネットの登場によりホームページでもおこなえるようになった。地域情報の冊子を読むことができるホームページも多いが、ホームページは性質上、ユーザーの目的に沿って情報を探すために利用されるプル型であり、広報の性質は、情報を自動的に相手へ発信するプッシュ型の方法に親和性が高い。さらに、ホームページは様々な情報を蓄積しているため、広報以外の情報も数多く存在する。そのため、ホームページに広報誌のデータを置いておくだけでは、ユーザーへの広報活動としては不十分となってしまう。その中で、2012年に「miyazaki ebooks」というホームページが開設された。このホームページは宮崎県の印刷会社が、会社のホームページとは別に、開設したものである。宮崎県にある広報誌や観光情報などの冊子を電子書籍化したページや、宮崎県に関する特設ページ、市報などのアーカイブ化がおこなわれている（図表1）。その後、他の地域でも、このスタイルのホームページが開設され、それらが連携するネットワークとして「Japan ebooks」が作られた。「Japan ebooks」によると、23のホームページが加盟している（2016年8月現在）。
　加盟している各ホームページのレイアウトは、図表1のようなレイアウトで共通化されている。ホームページによって情報量に差があるものの、様々な地域の情報冊子を電子書籍として読むことができる。また、電子書籍以外の地域の情報も取り扱っている。
　このようなホームページは、広報としての役割のみならず、デジタルアーカイブ（digital archive）としての役割も担える。

第2章　地域広報における情報戦略

図表1　miyazaki ebooksのトップページ

(http://www.miyazaki-ebooks.jp/
(2016年8月25日アクセス))

（2）デジタル放送を利用した様々な「データ放送」

　デジタル放送の登場で、データ放送も拡大していった。アナログ放送時代も、エフエム東京から FM 多重放送（いわゆる「見えるラジオ」）が放送されたり、衛星デジタル音楽放送㈱によるテレビゲーム機を利用した衛星データ放送（いわゆる「サテラビュー」）が放送されたりしており、データ放送の拡大の下地を作っていた。

　デジタル放送では、テレビのリモコンを操作して双方向データのやり取りができるデータ放送がおこなわれるようになった。熊本県では2013年にRKK 熊本放送による「データポン」のサービスが開始された。熊本県の自治体が入力した情報を、データ放送を通じて配信することができる。同時にワンセグ放送や、「データポン」のホームページおよびスマートフォンのアプリにも配信されるので、様々な媒体で閲覧することができる。

　情報の内容は防災情報や行政からのお知らせ、イベントのお知らせなどいくつかのカテゴリーで情報が提供される（図表2）。2016年8月現在、熊本県内の6の自治体で利用されている。

　また、東北放送も「公共情報コモンズ」（マルチメディア振興センターで運用されている災害情報などの公的情報を迅速に伝えるための情報基盤）を活用し

図表2　デタポンの利用の様子

（出典：デタポンの使い方 http://rkk.jp/detapon/image/dtapon.pdf（2016年8月27日アクセス））

た宮城県の災害情報をデータ放送で提供したり（参考：東北放送ホームページ「プレスリリース」http://www.tbc-sendai.co.jp/07whats/press/20130612.pdf（2016年8月27日アクセス））、山梨県の富士吉田市も「公共情報コモンズ」などを活用し、ケーブルテレビを通じて、災害情報や行政情報をデータ放送で提供したりしている（参考：山梨県富士吉田市ホームページ「8月市長記者会見【平成26年8月6日（水）開催】」https://www.city.fujiyoshida.yamanashi.jp/forms/info/info.aspx?info_id=5458（2016年8月27日アクセス））。

（3）広報で活用される「AR」

　ARはパソコンやスマートフォンなどで写しだした現実世界に、情報を重ねあわせる技術である。この技術を利用した広報活動もいくつか存在している。
　地域の情報に関する広報の方法として、ICTの登場以前から一般的だったのが広報誌である。広報誌もICTの登場により前節の「（1）地域特化型電子書籍ポータルサイト「Japan ebooks」」で述べたような電子書籍化されるなど、デジタル的な変化も取り込みつつある。特にARを活用し

た広報誌も、様々な自治体で作成されている。
　例えばスマートフォンを広報誌にかざすと、そこに掲載されている写真などが動画として表示させることができる。ただし、これには事前にスマートフォンに専用のアプリを入れ、そのアプリを起動してAR情報のついた映像を映すことが必要である。
　広報誌の表紙の写真にAR情報を埋め込み、スマートフォンをかざすと画面では表紙が動画として表示される工夫をしてみたり、写真では伝わりづらい内容を動画にすることで伝わりやすくなるような工夫をしたりしている広報誌も増えている。

図表3　広報誌上のARによる動画
（画像は「広報うつのみや」のAR）

図表4　実際の写真上でみかんを育てるゲームの様子

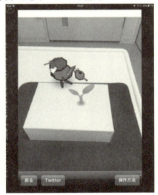

　その他にもARを利用したゲームを活用して広報を行っている自治体もある。和歌山県の有田市は「AR-ARIDA」というアプリを作成し、有田市の様々な情報を配信している。スマートフォンのOS（オペレーティングシステム）によって遊べるゲームに違いがあるが、特産品であるみかんを、実際の写真上で育てたり、みかん農場を経営したりするゲームがある。
　図表4のように、写真上でみかんを育てるというARの活用以外にも、有田みかんの中から基準に適合したみかんに与えられるマークを読み込むと、特別な動画が流れたり、農場経営ゲーム内で使えるアイテムを手に入れたりすることができるなど、ただゲームを楽しむだけで終わらせない工夫をおこなっている。

(4) スマートフォン用アプリの活用

スマートフォンが普及し、様々なアプリが登場する中で、各自治体からもアプリが配信されている。「（3）広報で活用される「AR」」で述べた「AR-ARIDA」も、スマートフォン用のアプリである。このようなアプリは観光向けが多い中、全国の自治体の様々な広報紙をスマートフォンで読むことができるアプリとして「マチイロ（「i 広報紙」から名称変更）」がある。このアプリを利用することで、登録されている広報紙を読んだり、登録されている自治体のホームページの新着情報を手に入れたりすることができる。

広報紙は、自治体のホームページでデジタルアーカイブ化されていることも多く、アプリを利用しなくても、スマートフォンやパソコンで見ることは可能であるが、次の様な問題がある。

・自治体のホームページの広報紙のアーカイブにたどり着くのに、いくつものリンクをたどる必要がある
・ファイル形式が PDF や Flash であったりして、端末によっては読みづらい（最適化問題）
・内容の検索機能が脆弱（読みたい記事を探すのに手間がかかる）
・複数の広報紙の取得は、リンクの問題で、さらに手間が増える

特に自分が生活している地域の自治体だけでなく、近隣の自治体や地元の自治会も読みたい場合や、自分の興味のあるカテゴリーの内容だけを読みたい場合など、PDF への変換などの単純なデジタルアーカイブ化では利便性という意味で、あまり期待できない。

デジタルコンテンツを作る場合には、それぞれの端末用に最適化させるということも考えていく必要がある。

2．ソーシャルメディアを活用した広報戦略

インターネットを利用した広報活動をおこなうことが一般的になり、ホームページを活用した広報だけでなく、ソーシャルメディア（social media）を活用した広報も普及している。この節では ICT の活用の中でも、ソーシャルメディアを活用した広報戦略について考える。

第 2 章　地域広報における情報戦略

　ソーシャルメディアの利用は、2000年代に登場した熊本県八代市の地域ポータルサイトである「ごろっとやっちろ」で注目されたように、地域SNSとして導入され始めたころから始まる。
　このころ、SNS（Social Networking Service）は「GREE（グリー）」や「mixi（ミクシィ）」によって若い世代の間で普及していき、芸能人ブログの流行や「ニコニコ動画」による動画の投稿など、SNSを含むソーシャルメディアの活用する下地は出来上がっていた。
　さらに、中東で起こったいわゆる「アラブの春」でソーシャルメディアの持つ大きな影響力、東日本大震災で情報網としての伝播力が明らかになり、様々なソーシャルメディアを活用した広報の利用がおこなわれている。

（1）Facebook（フェイスブック）
　Facebook には、一人ひとりが登録をして作るパーソナルページ以外に、「Facebook ページ」がある。これは本名で登録しなくても、登録したページを通じて交流をおこなうことができるページである。これを利用して企業などの団体がページを作成し、広報的な利用をおこなうことが主流になっている。
　自治体の利用も多く、様々なページが存在する。利用方法も様々で、茨城県は Facebook ページを「茨城の魅力を伝えたい」というページ名で作

図表5　「茨城の魅力を伝えたい」のFacebookページ

（https://www.facebook.com/ibaraki.pr/（2016年9月5日アクセス））

成し、イベントなどの様々な地域の情報を中心に発信している（図表5）。その結果、1万人以上のユーザーがこのページに「いいね！」をしている。Facebook ページの「いいね！」をクリックすると、そのページの内容が自分のパーソナルページで表示されることになるので、この場合、1万人以上が茨城県の Facebook ページを購読しているということになる。

　佐賀県武雄市は市役所のホームページを Facebook に移行させる試みをおこなったこともあり（2016年9月現在はホームページと併用）、Facebook ページでは、行政などの生活に関する情報を多く発信している（図表6）。

図表6　佐賀県武雄市役所のFacebookページ

(https://www.facebook.com/takeocity)
(2016年9月5日アクセス))

（2）Instagram（インスタグラム）

　スマートフォンの普及で、いつでもどこでもインターネットにつなぐことができる環境になり、気軽に言いたいことを投稿できる Twitter（ツイッター）が登場し、気軽に写真を投稿できる Instagram も登場した。

　Instagram は写真を使ったソーシャルメディアであるため、その地域の魅力を伝える広報にむいている。和歌山県は Instagram 用のイメージガールを採用し、Instagram 上で様々な地域の写真を掲載している。

　また、福岡県ではTwitter で利用されるようになったハッシュタグを利

第 2 章　地域広報における情報戦略

用して、Instagram 上でフォトコンテストをおこなった。福岡を訪れた人や地域の住民が参加して地域の魅力を再発見するような仕組みになっている。

図表7　和歌山県のInstagramのページ

（https://www.instagram.com/insta_wakayama/（2016年9月5日アクセス））

図表8
「GO!FUKUOKA PHOTO CONTEST」

（出典：福岡市ホームページ
http://www.city.fukuoka.lg.jp/gfpc/
（2016年9月5日アクセス））

（3）LINE

　スマートフォンのアプリとして登場した LINE は、登録した相手との文字のやり取りや、限られた複数の友人たちとグループを作って文字で会話をする機能もあり、友人とのコミュニケーション手段であったメールに代わり、若い世代を中心に利用されるようになった。

　LINE の機能は、少人数でのコミュニケーションであるため、広報にはむかない状況であったが、SNS 的な機能が追加され、現在様々な試みがおこなわれている。

　観光に関することを投稿するアカウントを作るようなものや、行政に関することを投稿するアカウントを作るような方法がよく見られる。

　その中で渋谷区では、LINE と「シブヤ・ソーシャル・アクション・パートナー協定」を結び、観光や行政に関する情報を一方的に投稿するだけでなく、子育て支援サービスや相談、問い合わせへの個別対応など、ソー

シャルメディアとしての機能を活かしたサービスの検討がおこなわれている。

(4) YouTube

　動画投稿サイトを利用した広報活動は、行政の情報公開に利用するだけでなく、地域の魅力の発信にも活用されている。世界的に利用されているYouTube では、自分のチャンネルを持つ自治体が増えており、そこで様々な動画が作成されている。

　自治体によって、作成される動画には違いがあるものの代表的なものは図表9のとおりである。

図表9　YouTubeにおける主な動画の種類と内容

動画の種類	主な内容
行政からのお知らせ	選挙、交通ルール、ゴミの減量などの生活情報
行政の情報公開	議会、記者会見、知事・議員の話など
自治体製作のテレビ番組の公開	放送局で放送された番組など
観光PR	観光地の見どころの紹介など
地域イベントのデジタルアーカイブ	成人式、お祭りなど

　情報技術の成長により、ホームページは動的なシステムが構築されるようになり、YouTube による動画をホームページに組み込むこともできるようになった。佐賀県ではこの技術を利用し、佐賀県の PR 専用のホームページ（図表10・11）を作成した。

　このホームページは佐賀県産の食物に注目し、美味しい朝ごはんをコンセプトに、佐賀県の PR を行っている。動画もそのコンセプトにしたがって作られている。このように、動画作成はその他の情報技術と合わせて利用され始めている。

第 2 章　地域広報における情報戦略

図表10　佐賀県PRホームページのトップページ（動画の埋め込み）

(http://www.asago-han.jp/（2016年9月5日アクセス))

図表11　佐賀県PRホームページのコンテンツ（出典：同上）

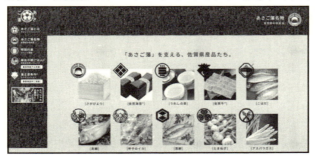

（5）地域 SNS

　熊本県八代市の地域ポータルサイト「ごろっとやっちろ」から地域 SNS の活用は広がりを見せていたが、Facebook など SNS 内で地域情報のコミュニケーションができるようになったこともあり、自前で SNS を用意する必要性がなくなり、地域 SNS は下火になった。
　しかし、地域 SNS が下火になる前との環境の変化もあり、新たな形の地域 SNS が登場している。自宅から近距離（約800m以内）のユーザーと情報交換をおこなえる「マチマチ」というサービスである。地域をより小さく限定した「ご近所 SNS」という形になったのである。
　既存の主なソーシャルメディアは、物理的な距離を超えて、情報を届けることがシステムの設計の前提になっていたが、前述の地域 SNS は反対に距離を意識した情報に特化させるシステムである。現在は登録後、ユー

ザー同士でイベント情報を提供したり、不審者などの防犯に関する情報を提供したり、反対に近所に関することを質問したりすることができる。

この SNS をおこなうには、自宅近辺でユーザーが複数人いる必要があり、サービスを開始して間もない状況なので、安定したサービスがおこなえるかは未知数であるが、自治体や自治会との連携ができると、その他のソーシャルメディアとは違う方向性の活用がおこなえる可能性がある。

3．サブカルチャーを活用した広報戦略

マンガやアニメといったサブカルチャーを利用した観光戦略は、町おこしとして利用される。1993年に設置された鳥取県境港市の「水木しげるロード」をはじめ、2007年に放送されたアニメ「らき☆すた」以降、増加したアニメの舞台を訪れる「聖地巡礼」を狙った戦略は、成功例や失敗例を出しながらもおこなわれている。

また、キャラクターを使った戦略も一般的になってきている。その地域のイメージとしてキャラクターを地域外に発信をしたり、キャラクターが特産物などの地域の魅力をアピールしたり、地域のイベントに参加したりすることで、地域に貢献するような戦略をとっている。

キャラクターの数は多数あり、正確な数を把握することは困難であるが、大きく種類を分けると、図表12のとおりである。

図表12　地域振興に利用されるキャラクターの種類と特徴

キャラクターの種類	特　　　徴
萌えキャラ	地域らしさのあるかわいい女の子のイラストのキャラクター
ゆるキャラ	地域にちなんだゆるい雰囲気のキャラクター
ローカルヒーロー（ご当地ヒーロー）	地域にちなんだ特撮ヒーローのようなキャラクター
ローカルアイドル（ご当地アイドル）	地域の特色を押し出したアイドル

第 2 章　地域広報における情報戦略

　ローカルアイドルは、必ずしもキャラクターとは考えられないが、前述のキャラクターを活用した戦略に当てはまることを考え、アイドルもキャラクターの 1 つとして種類に加えた。
　これらのような戦略の他に次に述べるような広報戦略がおこなわれている。

（1）広報紙で漫画家のイラストリレー
　山県県新庄市は、新庄まつりのユネスコ無形文化遺産登録に向けて、ゆかりのある漫画家によるイラストリレーを企画した。そこで毎月の広報紙の表紙のイラストなどは交代で担当している（図表13）。
　観光の誘致のために、アニメや漫画を活用する例は枚挙にいとまがないものの、地域住民に対して情報提供をする広報紙に活用する例はあまりない。

（2）「きょうと市民しんぶん」による「ゴミの擬人化」
　以前より様々なものが擬人化され、キャラクターになったりしていたが、例えば軍艦を擬人化したブラウザゲームの「艦隊これくしょん－艦これ－」の流行によって、さらに多くの擬人化したキャラクターが登場している。
　その中で京都市の広報紙は、ゴミを擬人化してゴミの減量について特集した（図表14）。生ごみ、プラスチックごみ、紙ごみをそれぞれゴミの妖精として擬人化し、それぞれのキャラクターをスマートフォンの恋愛シュミレーションゲームに見立てた形で、ゴミの減量の方法を読む（＝攻略する）紙面づくりがされている。

（3）ゲームによる地域の魅力発信
　サブカルチャーの中でゲームの活用をした地域振興も戦略としてよく用いられる。特に観光のために利用されることが多く、既存のゲームと協力して、観光の誘致を行っている例が多い（詳細は第 1 章）。
　例えば、「ローカルディア・クロニクル」も地域と連携したゲームである。このゲームはさいたま市をモチーフにしたロールプレイングゲームで、80年代から90年代のテレビゲームのような世界観になっている（図表15）。
　設定もファンタジーでありながら、さいたま市と重なりあうように作られ、様々な名前が西欧風の名前になっているが、登場する国名なども、さいたま市に関係あるものになっている。

図表13 「広報しんじょう」の表紙

(出典:新庄市ホームページ「広報しんじょうバックナンバー」
http://www.city.shinjo.yamagata.jp/book/koho/20160711/index.html
(2016年9月5日アクセス))

図表14 ゴミを擬人化して特集を組む「きょうと市民しんぶん」

(出典:京都市情報館(公式ホームページ)「市民しんぶん」
http://shimin-shimbun.kyoto.jp/201606/ (2016年9月5日アクセス))

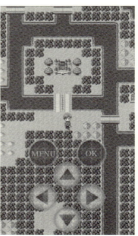

図表15 ローカルディア・クロニクルのゲーム画面

　また、GPS と連動し、実際の施設や史跡に行くと、それに応じたゲーム内のアイテムが手に入ったり、現実世界で使えるクーポン券が手に入ったりする。
　このゲームはもともと、自治体がおこなう地域振興とは関係なく作られたゲームである。さいたま市がおこなっている「さいたま市ニュービジネス大賞2015」でビジネスプラン賞を受賞したことで、注目を集めた。
　観光のために作られたゲームや観光のために既存のゲームと協力したものと違い、地域住民がプレイすることで楽しめたり、新たな発見があったりすることや、地域住民でなくても、ゲームとして楽しめることが前提に作られている。

4．自治体におけるICTを活用した情報戦略

　まだパソコンでインターネットを利用する以外の方法があまりなかったころ、ICT を使った自治体の行政に関する情報戦略は、ホームページの活用であった。現在もその重要性は変わらないが、これまで述べた事例のように様々なインターネット上のサービスやアイデアを駆使した戦略がとられている。
　このような戦略をとる理由は次のとおりである。
・行政情報の発信と認知
・地域振興（移住や観光などの誘致）
・行政情報などのアーカイブ化

　このような戦略は地域をより住みやすくするためであり、そのためには、ICT を利用する側がその技術やその時の環境を正しく把握する必要がある。例えばインターネットを使った情報発信の手段がホームページ以外にほとんどなかった時代には、上記３つを広報紙とホームページが担う必要があった。しかも、ホームページは通信速度の問題やデータ容量の許容の問題で、アーカイブできるものも限られてしまっていたり、情報量も不足したりしていた。
　現在の環境では、それらの問題も改善し、ホームページ以外に様々なサービスを利用することもできる。情報提供の手段によってどのような特徴があるかを考えた場合、図表16のような特徴が考えられる。
　これらの特徴を考えると、それぞれの特性にあった複合的な次のような戦略を取ることが望ましい。
・手に取りたくなるような広報紙製作
・欲しい情報を探せるためのホームページづくり
・最新の情報を積極的に発信するための ICT サービスの活用
・　自治体の持つ公共データの公開（オープンデータ）

　広報紙などの紙媒体の特徴は、情報を受ける側が受動的になるところである。自治体側が伝えたい情報を提供することになるので、読んでもらうための工夫に力を入れる必要がある。ICT との融合やサブカルチャーを

図表16　情報提供の手段における主な特徴

	紙媒体（広報紙）	ホームページ	ICTサービス
情報提供に関する特徴	自治体主導の情報提供	自治体の持つ様々な情報の公開と行政サービスの提供	サービスの特色に合った情報の提供
	各家庭に配布されることが多い	欲しい情報をホームページの中で探す	サービスから情報が提供される
	読むために特別な技術はいらない	インターネットを利用するための技術が必要	サービスを利用するための技術が必要
	保管スペースの問題で、情報提供できなくなる可能性が高い	サーバーが存在する限り、情報提供が可能	サービスが終了すると、情報提供ができなくなる
	内容を網羅的に把握し、どこを読むか判断する	必要な情報を探して手に入れる	新しい情報が出てきたら通知される

※ICTサービスはホームページ以外のICT技術を使った情報提供サービス

使った大胆な紙面づくりはその一環でもある。

　また、広報紙などの紙媒体は、ホームページやICTサービスとは違い、コンピューターの技術は必要ないので誰でも読めるものということも意識する必要がある。ICTもサブカルチャーもよくわからない読者にも読んでもらうには、それらの利用ばかりにとらわれてはいけないということになる。

　ホームページの大きな特徴は情報を蓄積することに向いている点である。地域における様々な情報を網羅的に置くこともできる。広報紙もデジタルアーカイブにすれば、ホームページに内包でき、多くの情報を掲載しておける。

　利用者が自治体のホームページを閲覧するときは、地域の情報で、欲しい情報が出てきた時やサービスを受けたいときである。ホームページに情

第 2 章　地域広報における情報戦略

報やサービスの提供がなく、自治体に直接問い合わせる状況になるようではホームページとしてはあまり意味がない。ホームページの見やすさや探しやすさだけでなく、十分な情報とサービスが提供されている必要がある。

　また、後述する ICT サービスの情報提供を利用しなくても、ホームページを利用して情報提供できることが多い。しかし、ホームページは利用者にとって最適化されたシステムでないため、情報の保存、公開を念頭に置き、ICT サービスは積極的に利用する必要がある。

　これらのことから、ホームページを保存するサーバーの管理は、セキュリティ面も含めて厳格におこなう必要があるが、ホームページの情報の網羅性を考えると、情報戦略の中で総合的な役割を果たすような位置にあるということができる。

　ICT サービスを活用した情報提供は、地域の新たな一面を情報として提供したり、最新の情報を相手に通知できるような特徴を持っていたりするものが多い。

　様々な ICT サービスをひとくくりに考えるのは難しいが、多くの場合、そのサービスを自前で用意するのではなく、外部のものを利用することになる。サービスの内容は多岐にわたるため、ICT サービスの内容にあった情報の提供をおこなうことになる。したがって、新しいサービスの登場によって、新たな情報提供の手段が登場する可能性があることになる。

　現段階では、このようなサービスの場合、普段から利用するサービスを通して情報が提供されたり、モバイル機器などを通じて新しい情報の通知をしたりするものが多い。

　また、情報を提供するときに、利用者があらかじめ設定するなどして、興味を持っている情報だけを受け取るようにするなど、広報紙と違い、利用者が受け取る情報をコントロールできるものも増えている。インターネットの発達で情報量が格段に増加している状況では、こういったサービスは重宝されやすい。

　積極的に利用すれば、様々な形で情報提供ができるものの、ホームページとは違い、外部のサービスを利用すれば、そのサービスが終了すると活用できなくなるリスクがある。そのため、情報を蓄積させたり、保管させたりするような活用は考えづらい。

　そして今後、情報の蓄積と積極的な提供を進める方向で考えた場合、デ

ジタルアーカイブとオープンデータ（Open Data）の公開が重要になってくる。オープンデータは自治体が保有する地理空間情報（位置情報やそれに関連付けされた情報）や防災情報などのコンピューターが処理できるような公共データのことで、アメリカでは、そのデータを活用した犯罪予測などがおこなわれている。このように、そのデータを直接地域に住む人が利用することは少ないかもしれないが、オープンデータの積極的な公開で、新たな地域サービスが生まれる可能性が高くなると考えられる。

　現在までに、地域における様々なデータや情報は、認識されずに捨てられたり、非公開であったりしたが、今後の情報戦略の方向によっては、プライバシーへの配慮は必要ではあるものの、様々な地域の情報の蓄積と公開、そして積極的な情報提供を行うことが重要になると考えられる。

第3章
❖
地域の情報伝達と情報戦略

川又　実

　本章では、地域における情報伝達に必要なメディアやその情報戦略について取り上げる。ここでは、メディアと地域情報を軸に、従来からの主要な情報伝達メディアである「紙メディア」と「放送メディア」の種類や特徴、発達の経緯などを明らかにしながら今後の展開を考える。また、地域の中に存在する、日常生活では欠かすことが出来ない近所付き合いや町内会活動などといった人間の営みとしてのコミュニティは、様々な形で地域に存在している。地域やコミュニティを定義することは難しいが、生活に必要な情報を手に入れるメディアやその情報伝達の役割などについて、改めて確認することは必要であろう。様々な地域で発生する自然災害などには、被災現場での現地情報が必要不可欠であるが、マスコミが伝える情報は、あまり役に立たないことは、これまでの多くの災害で実感されていることを考えると、情報伝達について再考することは意義あることと考える。
　本章ではさらに、ICT 技術を活用した情報戦略をコンセプトに、現在における情報伝達における重要な電子メディアの情報伝達について取り上げる。

1．メディアと地域情報

　我々の日常生活で、「メディア」という言葉を耳にしない日がないほど、この言葉は我々の生活に浸透している。しかし、単に「メディア」といっても、テレビやラジオ、新聞、雑誌などのマス・コミュニケーションを思い浮かぶ人もいれば、パソコンやインターネットなどのデジタル機器を連想する人、また人によっては「生活空間」そのものまで幅広くとらえる人など、様々なケースがあり、それだけこの言葉は、意識的だとしても、無意識的だとしても、様々な意味で使用されている。

（1）メディアの意味
　メディア（media）という言葉は、medium の複数形で、語源はラテン語の medium もしくは medius であり「中間」という意味がある。16世紀には「中間的ないし媒介的な位置に横たわっているもの」という意味で使われていたが、18世紀に入ると「交換の手段（medium of exchange）」という意味になり、20世紀には「コミュニケーションの媒体」の意味として medium から media として使用された。現在でも、マスメディアやマルチメディア、ニューメディアなど「メディア」という言葉は広く使用されているが、その意味は多岐にわたっている。
　また、「メディア」には、広義の意味として「物質＋記号」と示すように、記号の表現やメッセージの伝達をするモノを指すのに対し、狭義の意味として新聞や伝達機器で、パソコンや携帯電話などの諸装置や、メッセージやテキストの生産や伝達を本来的な目的とする道具という意味もある。カナダの社会学者・文明評論家でありメディア論を先駆的に展開したマクルーハン（Herbert Marshall McLuhan）は「メディアはメッセージである」と述べたが、メディアという言葉の語源からもそこに含まれている意味が時代と共に変化するとともに、広い意味で使われていることがわかる。

（2）地域とコミュニティ
　「地域」は、「コミュニティ（community）」と訳されているが、この「地域」ないし「コミュニティ」という言葉、概念もまた広い意味で使われ、その意味は複雑である。普段は何気なく使用している「地域」や「コミュ

ニティ」という言葉は、多くの場合この言葉を使用する者の生活環境と関わりがあることが多いのではないだろうか。
　広辞苑によると、「地域」は「区切られた土地。土地の区域。」とあり、「コミュニティ」は「一定の地域に居住し、共属感情をもつ人々の集団。地域社会。共同体。」とある。確かに区切られた土地や土地の区域だけを考えれば、地図上の境界線を考えればよいが、そこで生活している人々の営みを考えると、区域という共通の属性から生まれる感情を軸とした、その土地を思う共通の地域愛を「地域」ということもできる。しかし、この地域愛というのは、「地域」や「コミュニティ」ごとにそれぞれ特徴があるものであり、共通概念でとらえ説明することはなかなか難しい。たとえば「地域の活性化」をあげても、ある地域やコミュニティでうまく機能、運営ができ、地域が活性化しても、別の地域で同じ理論を当てはめて実践してもうまくいく保証はない。それだけ、「地域」「コミュニティ」は、対象エリアが狭い反面、人間生活の営みであるうえ複雑でもある。
　このように地域社会において帰属意識をもって共通の行動をとろうとする「コミュニティ」をつくるメディア（道具）として第一に考えられるメディアが、「紙」を媒体とした地域情報紙ではないかと考えられる。地域情報を伝える媒体としての「紙」メディアは、電子メディアが浸透してきている現在においても、その役目を終えていない。
　一般的に、コミュニティを中心とした地域には、コミュニティペーパーやミニコミ誌、自治体の広報誌、回覧板、新聞紙といった紙媒体の比重が大きいのに対し、広域社会や国際社会では、紙媒体以外のメディア、電波や放送、インターネットなどの媒体へ依存する比重が高くなっている。また、メディアと地域情報にとって「地域」や「コミュニティ」とは、共通の帰属意識、共感、利害を分かち合い、一致団結する集団活動を形成することを目的に、その目的のためのツールとして、コミュニティ自身の表現媒体として「地域情報メディア」の存在意義があると考えられる。

２．紙メディアによる情報伝達

　現在、途上国を中心とした森林の枯渇問題や環境問題などがある一方で、先進国によるリサイクル技術の発展などによって、紙そのもののありかた

が変わろうとしている。その影響で、世界中で活用され、大量に消費されている「紙」に対して、「ペーパーレス」化の動きが顕著になりつつある。

(1) ペーパーレス化の流れと「紙」の役割

　紙メディアの代表格である新聞や雑誌などの出版メディアも、現代のペーパーレス化の流れに逆行できない。図表1の紙の生産量を見ると近年新聞紙や印刷・情報紙の生産量は減少している。また、学校などの教育現場や職場などでも、ペーパーレス化が進み、「紙」以外のメディアが徐々に受け入れられてきている。現在、ペーパーレス社会へ移行する過渡期にきているということもできる。

図表1　紙の生産量の推移（単位：千トン）

	1990年	1995年	2000年	2005年	2010年	2012年	2013年	2014年	2015年
新聞紙	3479	3098	3419	3720	3349	3254	3219	3134	2985
印刷・情報紙	9251	10565	11756	11503	9547	8420	8576	8491	8384
包装用紙	1185	1089	1049	975	904	871	880	905	891
衛生用紙	1366	1558	1735	1764	1792	1767	1747	1767	1764
雑種紙	1148	1157	1078	939	794	756	760	821	804
合計	16429	17467	19037	18901	16386	15068	15182	15118	14828

（出典：日本製紙連合会　https://jpa.gr.jp/states/paper/index.html　より抜粋（2016年10月15日アクセス））

　しかし、我々の生活では現在でも「紙」を抜きに考えることが出来ない。例えば、新聞や雑誌、書籍や大学のシラバス、国会議事資料まで「紙」を媒介として情報伝達がおこなわれていることは否めない。紙は、太古から現在まで長きにわたって活用され続けてきているが、その歴史をたどると、西暦105年、後漢宮延高官の蔡倫(さいりん)が皇帝の庇護のもとで、役所で使う書写材として発明したといわれている。しかし、蔡倫は、紙を一から発明したわけではなく、以前からあった製紙の技術を改良して大々的に採用したものである。それ以前は、紙に代わるものとして、エジプトのパピルスや、アジアのパーチメント（羊皮）、中南米のインディオの樹皮などが使用されていた。パピルスやパーチメント、樹皮などに比べ、紙の実用性は高い。そのため、ひとたび製紙方法が各地に伝わると、書写材としてとどまらず、窓や扉、提灯、扇子、傘の材料などに使われるなど、手軽で安価な使いやすい媒体として広く使用された。

　また、9世紀には既に厠紙（いわゆるトイレットペーパー）の大量生産、

第3章　地域の情報伝達と情報戦略

10世紀になると、紙幣での支払いが一般的に受け入れられていった。日本への伝播は西暦610年頃といわれている。

このように紙という媒体は、永年様々な生活の道具としても活用され、その実用度が高く、我々の生活に受け入れられていったことがうかがえる。現在でも新聞や書籍、レポートなど印刷メディアとしての紙だけではなく、紙幣やティッシュペーパー、トイレットペーパーまで、様々な用途で使用されている。それは、「紙」以上に人々に密着し、使い勝手のよい媒体、そして様々な道具として勝るものが現在ではなかなか見つからないからでもある。

このような「紙」を媒体としたハード及びソフトとしての情報メディア（道具）としては、書籍や新聞紙、雑誌の他に、地図、電話帳、タウン誌、コピー、輪転機、ファクシミリ、紙芝居、郵便、回覧板、事典、辞書、壁新聞、報告書など、身のまわりを見回しても生活や仕事場で日頃見慣れ、何気なく使用している道具そのものが「紙」と関連していることが多く存在していることがわかる。

「紙」そのものは、他のメディアに対し「無言の協力者」つまり脇役のメディアとしてだからこそ、永年活用され続けられてきたのかもしれない。また、「紙」本来のメディアとして、そこに書かれている文字、活字内容から、人々はその内容を読み解く能力、リテラシーが必要になり、15世紀のグーテンベルクの印刷機、それに続く宗教革命、また、17世紀のジャーナリズムを育んだ場としてヨーロッパの「コーヒーハウス」、産業革命、そして現在の教育制度まで、人類の発展に寄与してきたメディアであったということもできる。

（2）新　聞

マス・コミュニケーション、そしてジャーナリズム機能としての「新聞」は、紙メディアとしての代表格であり、その役目を担ってきた。しかし、現在では、新聞は誕生史以来、岐路に立っているメディアでもある。なぜなら、新聞の発行部数の減少や若者を中心とした読者の減少など、新聞離れが加速しているからである。たとえば、図表2「新聞の発行部数と世帯数の推移」からもわかるとおり、1世帯あたりの部数をみると年々減少傾向にある。これは若者たちの活字離れや、読者層の高齢化、所得の低

下、インターネットの普及などの理由があげられるが、日本だけではなく、世界的な傾向でもある。

図表2　新聞の発行部数と世帯数の推移

年	合計	種類別		発行形態別			世帯数	1世帯当たり部数
		一般紙	スポーツ紙	セット部数	朝刊単独部数	夕刊単独部数		
2015年	44,246,688	40,691,869	3,554,819	10,874,446	32,365,532	1,006,710	55,364,197	0.80
2014年	45,362,672	41,687,125	3,675,547	11,356,360	32,979,682	1,026,630	54,952,108	0.83
2013年	46,999,468	43,126,352	3,873,116	12,396,510	33,552,159	1,050,799	54,594,744	0.86
2012年	47,777,913	43,723,161	4,054,752	12,876,612	33,827,147	1,074,154	54,171,475	0.88
2011年	48,345,304	44,091,335	4,253,969	13,235,658	33,975,622	1,134,024	53,549,522	0.90
2010年	49,321,840	44,906,720	4,415,120	13,877,495	34,259,015	1,185,330	53,362,801	0.92
2009年	50,352,831	45,659,885	4,692,946	14,727,162	34,399,779	1,225,890	52,877,802	0.95
2008年	51,491,409	46,563,681	4,927,728	15,715,332	34,403,818	1,372,259	52,324,877	0.98
2007年	52,028,671	46,963,136	5,065,535	16,408,728	34,174,558	1,445,385	51,713,048	1.01
2006年	52,310,478	47,056,527	5,253,951	16,789,314	34,047,660	1,473,504	51,102,005	1.02
2005年	52,568,032	47,189,832	5,378,200	17,111,533	33,927,821	1,528,678	50,382,081	1.04
2004年	53,021,564	47,469,987	5,551,577	17,341,993	34,066,442	1,613,129	49,837,731	1.06
2003年	52,874,959	47,282,645	5,592,314	17,464,928	33,781,260	1,628,771	49,260,871	1.07
2002年	53,198,444	47,390,027	5,808,417	17,616,627	33,900,896	1,680,921	48,637,789	1.09
2001年	53,680,753	47,559,052	6,121,701	18,013,395	33,862,600	1,804,758	48,015,251	1.12
2000年	53,708,831	47,401,669	6,307,162	18,187,498	33,702,727	1,818,606	47,419,905	1.13

（単位＝部）

- 発行部数は朝夕刊セットを1部として計算
- セット紙を朝・夕刊別に数えた場合は、55,121,134部（2015年10月現在）
- 世帯数は2014年から1月1日現在、13年までは3月31日現在の住民基本台帳による

（出典:(社)日本新聞協会　「新聞の発行部数と世帯数の推移」http://www.pressnet.or.jp/data/circulation/circulation01.php　（2016年9月28日アクセス））

　わが国において新聞は、一般に朝刊と夕刊をセットにして販売し、宅配するという世界でも珍しい個別配達をおこなう宅配制度が主流であるが、日本における新聞は、宅配制度に限らず世界的に見ても独特の制度がいくつか存在している。
　例えば、新聞を発行する新聞社をみても、「読売」、「朝日」、「毎日」、「産経」、「日本経済」新聞の5紙は「全国紙」とよび、日本全国で手に入れることができる。一方で、「北海道」、「中日」、「西日本」新聞の3紙を

第3章　地域の情報伝達と情報戦略

「ブロック紙」、その他の県を対象とした新聞を「地方紙」または「県紙」とよぶ。地方紙の中には、電子版など会員制で購読できるものもあるが、その多くはその販売地域でしか基本的には手に入れることができない。また、多くの県では新聞社は1社のみとなっている場合が多い。これは、戦時中の言論統制の一環として実施された1942（昭和17）年の新聞統合としての一県一紙体制が今日まで続いていることを意味していると考えられる。地方紙の中には、福島県の「福島民報」と「福島民友」、沖縄県の「琉球新報」と「沖縄タイムス」のような県内で競合しあっている地方紙もあるが、ほとんどの地方紙は「一県一紙」のままである。また、地方紙に掲載されている報道の多くは、共同通信社が配信している記事情報をもとに構成されているものが多いのも実情である。さらに、北海道帯広市の「十勝毎日新聞」や青森県八戸市の「デーリー東北」といった、ある地域の圏域をカバーする「地域紙」もある。部数も1万部に満たないものから10万部以上のものまで、日刊や週刊など地域のニーズにそって発行されている。

　もともと、新聞の広義の意味は、「多数の人々に情報、意見などを伝達するマス・コミュニケーション」をいい、狭義の意味では、「多数の読者のために刊行され、時事についての報道、解説、評論を主とした内容とする定期印刷物、新聞紙」のことである。マス・コミュニケーションの定期印刷物媒体としての新聞は、減少したとはいえ現在でもまだ広く我々の生活に浸透している。　特に地方紙は、「地域」に特化した情報を毎日届ける利点があるが、さらに情報をインターネット配信することを積極的におこなっている地方紙も多くある。日本新聞協会が発刊する「新聞研究」には、「デジタルメディアの新展開：進む地方紙の試み」として、全国各地の地方紙の取り組みについて紹介している。

　例えば、福井新聞のサイトには、福井県のニュース記事だけではなく、生活応援サイト「ふうプラス（図表3）」やSNS（Social Networking Service）コミュニティサイト「ふくーぷ（図表4）」、読者参加型広告コミュニティ広場「ぷりん」など、様々な地元密着コンテンツがあり、トップページからリンクされている。なかでも福井県のSNSコミュニティサイトは、福井新聞社公式の地域SNSコミュニティサイトとして運用され、無料で会員登録をすれば、誰でも日記を書いたり、写真をアップデートさ

せたり、様々なコミュニティに参加できたりするなど、Facebook（フェイスブック）の福井県版として多種多様な SNS が展開されている。

図表3 「ふうプラス」のトップページ

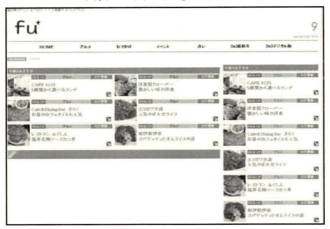

(http://www.fukuishimbun.co.jp/fu/（2016年10月2日アクセス))

図表4 「ふくーぷ」のトップページ

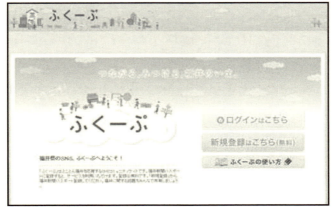

(https://www.fukoop.jp/（2016年10月2日アクセス))

（3）フリーペーパー

　フリーペーパーとは「無料で配布している新聞類や冊子」で、全国各地

第3章　地域の情報伝達と情報戦略

　現在、フリーペーパーも、紙媒体メディアが中心であるが、冊子と併行してインターネットの活用と連動した展開も積極的である。図表6「フリーペーパーの種類」からもわかるように、様々なジャンルや読者ターゲットに細かく分類することができるため、使用目的別に活用することもできる。そのため、インターネット上で飲食店や観光地など、全国の情報を展開している情報サイトよりは、地域に特化したフリーペーパーや読者ターゲットを絞ったフリーペーパーのサイトから、より細かい情報やお得な情報、プレゼントなども手に入れやすい。フリーペーパーを買い物ついでに持ち帰り、じっくり読むこともできるが、クーポン券などの必要時に、手元に冊子がなくても、インターネットでそのサイトにアクセスすればチェックし、入手することもできる。このように「媒体」にこだわらずに、情報をいかに読者へ伝えるか、そのための様々なメディアを活用するメディアミックスに力を入れているフリーペーパーの存在は、ICT 戦略としても重要であるし、今後のメディア情報のあり方と考えられる。

（4）ミニコミ

　「ミニコミ」の語源は和製英語であり、1960年の日米安保反対運動を契機に、市民が自主的に発行する新しいメディアとして注目をあびた。その中心は「ビラ」であったが、70年代になると、個人を超えて様々な団体や企業、自治体などでも「ミニコミ」ということばが浸透していった。ミニコミをひとことで定義することは難しいが、ミニコミとは、マスコミの「マス」を意識した「ミニ」メディア、つまり小さなコミュニケーション媒体であるということができる。したがって、ミニコミは、たんなる小新聞や企業 PR だけをさすのでなく、マスコミやマスコミを取り巻く状況を念頭に置いた、ミニ・メディアとしての働き、機能も持っている。

　図表7の「ミニコミとマスコミの主な相違」では、ミニコミはマイノリティ（少数派）メディアとしての位置づけなどその性格の違いをあげているが、ミニコミは光を屈折させるプリズム現象のようにマス・コミュニケーションの流れを曲げるような、マス・メディアの持っている民衆に対する破壊力をやわらげる役割もある。

　ミニコミは誰でも手軽に作ることができ、それを人々に届けることができる先駆的なメディアであった。現在では誰でも利用、使用可能なメディ

図表7　ミニコミとマスコミの主な相違

	ミニコミの属性	マスコミの属性
1	少数派に立つ	多数派中心
2	主観的立場が強い	客観性・中立性重視
3	個性を大事にする	画一的でワンパターン
4	自主・自立が原則	組織を重視する
5	特定少数の読者対象	不特定多数の読者・視聴者対象
6	無名の市民を重視	有名人偏重
7	装いも中身も地味	何事においてもセンセーショナル
8	手づくりを大事にする	製作システムがコンピューター化され、すべて機械化
9	アマチュアであることを大事にする	プロフェッショナルであるほど評価される
10	志と生きがい	商業性

（出典：丸山尚『ローカル・ネットワークの時代　ミニコミと地域と市民運動』）

アとして、コンピューターやインターネットが主となりつつあるなかで、ミニコミは昨今のインターネットで多くの人が活用していると思われる個人的で日常的な事象ではなく、対社会的メッセージとして組織や個人の意見、主張を自由に編集し、逐次刊行物として発行することができ、商業出版ルートにのりにくい情報やサービスに対するアクセスの容易さ（アクセシビリティ）が限定されたものでもある。現在のインターネット社会においても、このミニコミの役割は、マイノリティメディアとしての根底をなし、大きな力になると考えられるのでミニコミをアナログ的な古いメディアとして、社会の風潮にあわないメディアと単純には切り捨てることはできない。

　また、マス・コミュニケーションメディアとしての技術発展に伴い、インターネットが登場してくるが、マスコミに対するニッチなメディアとしてインターネットもミニコミも重なる点が多々ある。インターネットが我

々の生活に浸透して20年以上が経つ現在においても、ネットを媒介した情報の個別化、個人化、タコツボ化現象がおこるなかで、ミニコミの面からインターネットのあり方を再考することも意義あることと思われる。

インターネットが普及する現代においてもインターネットやパソコンの操作が苦手、ないしは使いこなすことが出来ない人たちなどに対する、紙をベースにしたミニコミは、こうした情報弱者の人々へも情報を届けることが可能である。2011年の東日本大震災では、ミニコミ誌の編集において、衛星電話を使用し、被災地から届く情報などを収集し、紙媒体であるミニコミ誌へ落とし込み、現場に届ける役割を担っていた。このような紙媒体とインターネットとの併用した活用が、より多くの人々に正確な情報を伝えることも可能である。

3．紙メディアの情報戦略

長い間、様々な分野に広く利用されてきた紙メディアは、次第に電子メディアへと移行している。

（1）紙メディアから電子メディアへ
①ペーパーレス化
紙は多くの資源を消費するため、現在では文書や資料などを紙媒体から資源の消費が少ない電子媒体を使用するように社会全体が移行している。いわゆるペーパーレス化である。このペーパーレス化は、様々なデータを紙に印刷・記載して保管・閲覧・共有するのをやめて、データをコンピューター上のファイルに保存をして画面などに表示させ、利用するものである。紙媒体と電子媒体の主な特徴を比較すると図表8のとおりである。このペーパーレス化を進めるのがパソコンやタブレット、スマートフォンなどの情報機器である。

②ファイル管理
ペーパーレス化に当たっては、ファイルを活用しやすくするためのファイル管理をおこなうために、次のような点について注意する必要がある。ファイルは整理して保存しないと必要なファイルがどこにあるかわからなくなり、再び利用することができない恐れがある。

図表8　紙媒体と電子媒体の主な相違

	特徴	紙媒体	電子媒体
1	資源の省エネ度	低い	高い
2	保管容積	多い	少ない
3	保管コスト	多い	少ない
4	伝達・共有の速度	遅い	速い
5	管理	大変	容易
6	利用効率	低い	高い
7	経年劣化	短期	かなり長期
8	取り扱い	わかりやすい	慣れが必要
9	検索性	遅い	速い
10	バックアップ	大変	容易

・ファイルを扱うルールを決める。例えば、ファイルを保存する際の名前の付け方は、どのフォルダーに保存するかなどで、ファイル名は「作成日＋種類」というように決める。
・要件ごとに分類できるようにフォルダーを設けてファイルをまとめる。例えば、地域のファイルをまとめるなら「〇〇町会」というフォルダーを作り、さらに月ごとに「年月」のフォルダーを作ってファイルをまとめる。
・バックアップのルールを決める。例えば、バックアップのタイミングはいつか、バックアップはどれだけの期間残し、削除するのはいつかなどである。例えばバックアップは「年1回」、「5年保存」というように決める。

（2）紙メディアでの情報戦略
①紙メディアからインターネットとの連携
　自治体などの地域住民に対する広報は、全住民に配布する必要がある場合には、ネット配信でなく紙媒体の広報誌によることが一般的である。全住民に周知させなければならない情報であれば、インターネットに接続できない住民に配慮をして、インターネット利用ではなく紙媒体によって全員に配布する。このように全住民への周知すべき情報はいまだにインターネットによらず紙媒体でおこなわれている。これはインターネットの利用

第3章　地域の情報伝達と情報戦略

が次の理由によって制限を受けているからである。
【インターネット利用条件】
・インターネット接続環境がある（有線やWi-Fiなど）
・インターネットに接続する機器がある（パソコン、タブレット、スマートフォンなど）
・機器の操作ができる

　紙媒体からインターネット配信に移行するには上記のような条件が満たされることが必要である。今後はこのような条件がさらに多くの住民に広く普及することが考えられるので、自治体の広報誌のように全員に配布すべき情報もインターネット配信の選択的届出制度を導入することも考えられる。そのようなことが実現すれば、広報誌の配布は限定的となる。

　②QRコードの利用
　QRコードは、2次元コードの一種で、縦横2次元の図形で情報を伝える。バーコードに比べると扱える情報量が飛躍的に多く、英数字では4,296文字、漢字では1,817文字分の情報量を持っている。もともとはトヨタ自動車の系列であるデンソーが、自動車部品の管理などのために1994年に開発をした。携帯電話やスマートフォンに内蔵したデジタルカメラでこのコードを読み取るとインターネット上のホームページに簡単に接続するとい

図表9　芙蓉書房出版のホームページのURL（http://fuyoshobo.co.jp/）を記録したQRコードの例

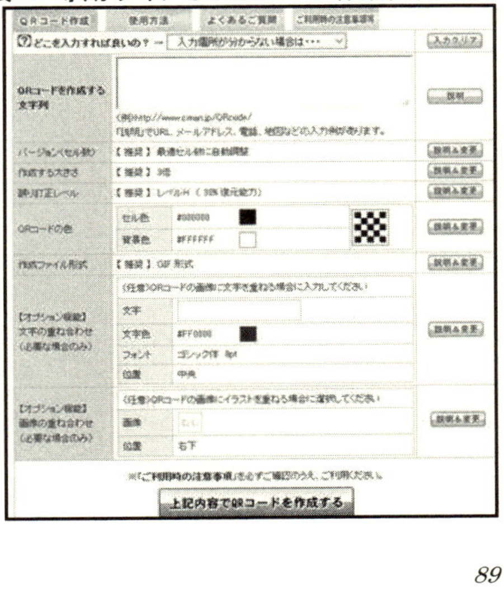

（出典：CMAN インターネットサービス「QR コード作成」
http://www.cman.jp/QRcode
（2016年9月20日アクセス））

図表10　専用サイトでのQRコード作成画面の例

うようなことができる。

　このような QR コードは、紙メディアに記載することで関連のホームページを簡単に閲覧することができるようにする。また、問い合わせ先のメールアドレスも QR コードで紙面に配置しておけば、読者は簡単に問合せメールを送信することができる。

　また、QR コードは、インターネットに接続させるのが容易であるほか、紙メディアでクイズなどを取り扱ったとき、そのヒントや解答を QR コードで示すことができたり、入場券や乗車券、飛行機のチケットの発券に利用したりなど、QR コードの様々な活用が考えられる。

　QR コードを作成するには、インターネットの作成専用サイトで作成する方法と QR コードアプリをダウンロードして作成する方法がある。ダウンロードする場合には、開発元の公式アプリをダウンロードするとよい。現在ではどちらの方法によっても無料で作成が可能である。

4．情報伝達におけるインターネットの活用

（1）紙メディアとインターネット

　紙メディアに替わって情報伝達をおこなう電子メディアが、インターネット上に作成されたホームページ（Web ページ）である。ホームページは、たとえ地域住民に限定するような内容であっても、特別の処置をしない限り情報を伝えるべき特定の地域の人々だけではなく、世界中のインターネット接続者が閲覧できてしまうことになる。そのため、ホームページは、世界中に情報発信していることを前提として作成・公開することが必要である。

　また、ホームページをすでに公開している組織は多いが、一度作成してしまうと、長い間そのままになってしまう事例が少なくない。ホームページはいったん作成したとしても更新が必要で、常に新しい情報を提供し、一定の時期にはリニューアルすることも必要である。

（2）ソーシャルネットワークサービス（SNS）の活用

　ソーシャルネットワーキングサービス（ Social　Networking　Service：SNS ）は、インターネット上で人と人とのつながりを促進させるための社

会ネットワーク（ソーシャルネットワーク）構築サービスである。日本ではmixi、GREE、世界ではFacebook、Twitter、Instagram、LINEなどがある。近年では、企業や自治体などの情報発信の一つの手段としてSNSが利用されているほか、社内のコミュニケーションの活性化のためや、地域型のサービスとしても各地に広がりつつある。

地域での情報の交流が盛んになれば、地域の人々の絆も深まり、地域の活性化を導くことになるので、こうしたSNSの積極的な活用が望まれる。ここでは、主なSNSとして広く利用されている次の4つを取り上げる。

①Facebook（フェイスブック）

文章や写真・動画などでの情報発信や交流ができるが、他のSNSと異なるのは実名での登録を原則としていることである。実名なので自分と接点のある人たちと繋がりやすくなる。ただし、情報を公開する範囲を自分で設定することができる。SNSの中では、最も利用者が多い。

②Twitter（ツイッター）

ツイートと呼ばれる140文字以内の文章や写真を投稿できる短文投稿サイトで、つぶやきなどとも呼ばれている。2006年に始まったサイトであるが、その手軽さから瞬く間に世界中で利用されるようになった。ツイートはリアルタイムで見ることができ、そのツイートに返信することによって自分の思いを簡単に直接相手に伝えることができるので、相手とつながった感覚になれるという魅力がある。また、リツイートという機能を使うことで、自分がフォローしていなくても特定のツイートを広く拡散させ、短時間に数千万人に情報を伝達することが可能である。

③Instagram（インスタグラム）

スマートフォンで写真や動画を投稿することに特化したSNSである。写真や動画にはコメントを付けることもできるが、コメントだけでは投稿できない点がTwitterと異なる。また、写真の加工機能を持っているので、写真を簡単に加工して投稿することもできる。

④ＬＩＮＥ（ライン）

主に携帯電話やスマートフォンで、友達同士などのグループの連絡方法として用いられ、無料の通話とメッセージの送受信をおこない、情報を共有する。LINEでは、これまでは面倒な複数の画像や動画の送信が容易で、ゲームを楽しむこともできる。

(3) SNSにおける自治体等の組織アカウントの取得

SNSを自治体やNPO法人、企業等の組織として運用するには、次のようにSNSの組織アカウント（企業アカウント）を登録することが必要である。

①Facebook

個人名で登録するのとは別に組織向きの「Facebook ページ」があり、個人名と同様に無料で運用できる。この「Facebook ページ」は個人が管理者になるので、個人名でアカウントを新規に作成し、ここから「プロフィールからビジネス用Facebook ページへの移行」ページに移り、各種の設定をして組織用の「Facebook ページ」を完成させる。Facebookを運用して「いいね！」が多数たまると「インサイト」というアクセス分析機能を利用することができる。

②Twitter

Twitterのアカウントには、個人と組織との区別はない。1メールについて1アカウントを取得できるので、複数のアドレスを持てば、活動名などのカテゴリーごとにアカウントを運営することが可能である。また、アカウントごとにアクセス分析ツールの「Twitter アナリティクス」を無料で利用できる。

③Instagram

Instagramのアカウントには、Twitterと同様に個人と組織との区別はない。Facebook社がこのサービスを提供しているので、Facebook アカウントでInstagramのアカウント登録ができる。しかし、組織用アカウントとしてFacebookとは別の管理をするので、改めてメールアドレスから登録するようにする。Instagramに広告を出すにはFacebookの管理画面から行う必要があるのでFacebookアカウントが必要である。

④ＬＩＮＥ

組織（特に企業）アカウントには、「LINE @」（ラインアット）と「公式LINE」があり、どちらも有料のサービスである。「LINE @」には、飲食店向け予約機能や通販機能、バイト求人機能などが用意されている。「公式LINE」契約期間（4週間、12週間等）やメッセージの追加投稿、タイムライン追加投稿、スタンプ掲載について設定されているが、料金は比較的高額である。

（4）メーリングリストによる情報共有

　フリーペーパーやミニコミは不特定多数の人々に同一情報を一方的に発信するものであるが、メーリングリスト（mailing list）は、あらかじめ登録されているメールアドレスに同一の情報を一斉に送信するものである。その原理は、メーリングリスト用のメールアドレスを用意しておき、そこに登録者のメールアドレスのリストを記録しておくものである。メールを受け取って、その返信をメーリングリスト宛に出すと、その返信メールはメーリングリストにある全員に届けられることになる。
　このようなメーリングリストは、地域の特定の話題に関心がある人々などで情報交換をする場合に利用するとよい。

（5）フリーペーパーとホームページ連携の例

　全国一小さい都道府県である香川県で発行しているフリーペーパー「MueMue（ミュウミュウ）」は、月刊で95,000部を発行し、県内を中心に1,200箇所に置いてある。もちろん「Take Free」であるが、毎月30ページ以上を掲載している。「MueMue」のホームページ（図表11）には、電子ブックを作成・配信・販売する「mixPaper」を使用したデジタル冊子がリンクされており、冊子を読む感覚で、同じ掲載記事を読むこともできる。

図表11「MueMue」のホームページ

(http://www.mue.co.jp/UserTops　(2016年9月27日アクセス))

(6) 情報伝達におけるARの活用

　AR（Augmented Reality）は拡張現実ともいうが、ここでは紙メディアである雑誌や書籍、ポスター、チラシ、はがき、名刺等の印刷物にスマートフォンなどをかざすと動画などが配信される方式の利用である。札幌市の地域新聞「ふりっぱー」では、このARを利用して読者の興味を引いている。また、「ポケモンGO」やスポーツゲームの「HADO」などもAR技術を使った例である。

図表12　実際の「HADO」のプレイの様子（現実）とARを取り込んだプレイ画面の様子
（撮影場所：越谷レイクタウン「VR Center」）

5．放送メディアによる情報伝達

　地域の情報伝達に欠かすことができないメディアとして「放送」がある。日頃は地域に密着したメディアとして、地域の話題や生活情報など様々な番組を放送している「地域メディア」である。特に今日では、地震や台風、水害被害などの自然災害時に、広範囲に情報を取り上げるマス・メディアに対し、地域限定の狭いエリアでの情報を届けるコミュニティ・ラジオやケーブルテレビといった地域放送メディアが、より重要視される傾向がある。当然被害にあった被災者ほど、状況把握や被害情報、そして安否情報などの被災者として生活に必要な情報が必要となり、普段一視聴者であった者が、情報収集の当事者としてメディアに情報を提供する必要に迫られたりする。

（1）放送と災害

　「放送（broadcasting）」とは、一般にはテレビ放送とラジオ放送を指し、

第3章　地域の情報伝達と情報戦略

電波によって広く伝播する。そのため、その届けられた情報を手にする視聴者は、その情報に接触する多数の人々であり、聴衆（オーディエンス）であるため、マス・コミュニケーションとしての機能も付随する。そのため、日本では放送法など様々な法律で規制されているのが現状である。

しかし、未曾有の犠牲者、被害をもたらした2011年の東日本大震災の被災地東北では、3月11日直後から、24の市町、のべ29局が「臨時災害放送局」を開設し、運用にあたった（JCBA東北コミュニティ放送協議会他編「今後に備えて臨時災害放送局開設等の手引き」）。地震発生から約1時間後の16時には放送局「えふえむ花巻」に、臨時災害放送局第1号として放送免許が交付されている。

この「臨時災害放送局」は、放送法施行規則第1条の5に「暴風、豪雨、洪水、地震、その他による災害が発生したときに、その被害を軽減するために役立つ」放送と規定された臨時の放送局であり、自治体の首長が免許人となる。したがって、免許は申請した自治体の長に与えられるので、「えふえむ花巻」のように既存のコミュニティ放送局が臨時災害放送局に移行する場合、放送事業者がいったん自らの免許を休止し、代わって自治体の長が免許を取得し、その運営をコミュニティ放送局に委託するという形をとっている。そこで、「えふえむ花巻」は、その後同年4月3日には、臨時災害放送局を廃止し、コミュニティ放送局を再開し現在に至っている。災害が発生した場合、コミュニティ放送局は「えふえむ花巻」のように臨時災害放送局に移行するケースと、既存のコミュニティ放送局がない地域では、新たに局を新設するケースがある。

ここでは、地域に根ざしたラジオとテレビの放送メディアについて、災害と地域放送メディアについて取り上げる。

（2）コミュニティ・ラジオ

2011年に発生した東日本大震災でも、被災地ではラジオが大きな役割を担った。この震災では、臨時災害放送局というラジオ局も図表13に示すように震災後すぐに開局し、地域に必要な情報を届けた。

また、ラジオ放送の周波数と利用帯域は図表14のとおりである。

図表13　東日本大震災に開設された臨時災害放送局

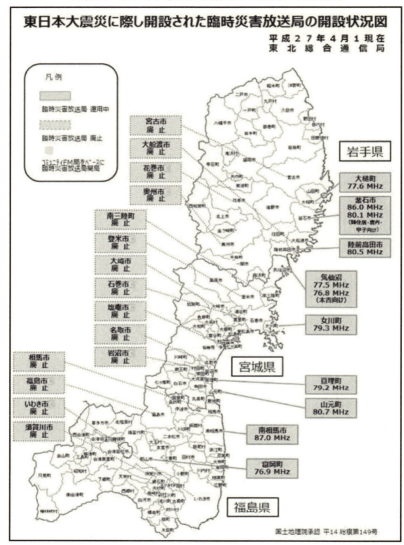

（出典：総務省　http://www.soumu.go.jp/soutsu/tohoku/rinziFM.html
（2016年9月28日アクセス））

第3章　地域の情報伝達と情報戦略

図表14　周波数と利用帯域

【ラジオ放送の周波数】

	名称	周波数	利用分野
周波数	中波 短波 超短波	535〜1605kHz 3〜26MHz 76〜90MHz	AM放送 全国放送、国際放送 FM放送

【利用帯域】

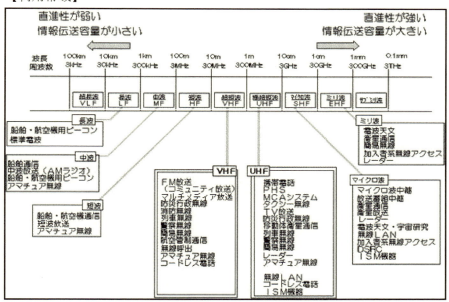

（出典：総務省「電波利用ホームページ」　http://www.tele.soumu.go.jp/j/adm/freq/search/myuse/summaryより抜粋（2016年9月28日アクセス）

　地域密着型メディアとして、コミュニティ放送局（コミュニティFM）があげられる。このコミュニティ放送局は、1992年の規制緩和によってこれまでの放送法によって規制されていた周波数割当の仕組みを変え、市町村単位としてコミュニティ放送局の運営ができる放送制度へと変更できるようにして、地方の活性化を図ろうとした。これによって、1992年12月24

日、コミュニティ放送局第1号として北海道の函館市に「FM いるか」が誕生し、翌1993年7月20日、大阪府守口市に「エフエムもりぐち」が開局した。

　1992年に制度化された超短波放送用周波数（76.0〜90.0MHz）FM（VHF）の帯域で使用する放送は、最大出力が20Wであるが、「FM いるか」開局当時は0.1Wからスタートした。また、日本コミュニティ放送協会によれば、北海道稚内市の「FM わっぴ〜」は2012年3月に50Wへ増力、また、5月には沖縄県久米島町の「FM くめじま」が80Wで開局している。現在では、このように放送エリア内外で電波干渉がない地域での特例として、上限出力を上回るケースも許可されている。

　事業者の形態としては、「県域放送」と「コミュニティ放送」に区分されるが、コミュニティ放送局の大きな特徴は、放送エリアが市町村単位に限定されるため、行政情報や地域の商業情報あるいは独自の地元情報など、地域に特化し、地域活性化に役立つ放送を目指している。また、日本コミュニティ放送局協会のホームページ（http://www.jcba.jp/community/index.html（2016年10月15日アクセス））によると2016年8月現在、全国のコミュニティ放送局数は303局となっている。

　特にコミュニティ放送局が全国的に注目される契機となったのは、阪神淡路大震災後に継続的に情報提供をおこなった「FM わぃわぃ」の存在が大きいといわれている。日本コミュニティ放送局協会では、コミュニティ放送局を「使命ともいえる防災・災害放送では、地域と緊密な連携を保つなど、様々な問題に放送を通じ、貢献しています」と紹介しているように、地域密着をうたい文句に、特に災害時には、地域連携のメディアとしての使命が大きい。

（3）地域コミュニケーションとしてのテレビ

　テレビが地域放送の主な担い手となるのは「ケーブルテレビ」と「地域コミュニケーション」である。

　1980年代には、政府が進めた地方情報化政策によって、ニューメディアとして期待が大きかったケーブルテレビの普及が注目された。一方、テレビの中で地域情報というミクロ的なメディアとして、ケーブルテレビ局のコミュニティチャンネルにおける自主制作番組もその可能性が期待された。

また、地域コミュニケーションとして、テレビの発信する主な地域情報を分類すると次のとおりである。ここでは行政当局の業務上の必要性から伝達・受容すべき情報を含む。

【テレビの地域情報】
・生活情報：地域の住民や組織（企業・団体など）が、日常生活を営む上で利便性の向上のために必要とする情報。
・娯楽情報：地域の生民が地域環境の中から娯楽を享受するために必要とする情報。
・教育情報：地域の住民の知識・教養や地域教育の向上のために必要とする情報。
・業務情報：地域の住民や組織の経済活動において有益となる情報。
・論争情報：地域内で発生した諸問題を地域の住民や組織が把握し、その解決に向けて必要とする情報。

このような様々な地域情報により地域コミュニケーションが高まれば地域住民の地域に対する意識も高まり、満足度が向上し、住民による地域の活性化も推進することができる。

6．放送メディアに対する情報戦略

（1）インターネットラジオ
インターネット上で音楽・音声によるラジオ番組を配信するサイトをインターネットラジオまたはウェブラジオなどという。このようなサイトは、電波（地上波）を使った一般のラジオ局もおこなっているが、世界にはインターネットラジオの専門局や個人サイトがある。地域でこのようなインターネットラジオに取り組むことも今後は考えられる。

（2）放送アーカイブの活用
アーカイブ（archive）は、将来にわたって残すために記録や資料をまとめて保存すること、また、それらの保存施設や保存機関などをあらわす。放送アーカイブは、アーカイブの放送版で番組の保存などをあらわす。

日々放送されている情報のうち地域に関する情報を再び地域に役立てるために放送のアーカイブを活用することが考えられる。例えば、過去に放送されたその地域の紀行番組を活用して観光の誘致に役立てたり、その地域の産業やNPO法人の活動、町会、商店街、学校の活動など様々な活動番組を地域の啓蒙運動に活用するなど、放送アーカイブを地域の活性化に活用することは、放送メディアに対する情報戦略の1つである。放送アーカイブを取り扱う主な施設は、次のとおりである。

　①NHKアーカイブス
　NHKアーカイブスは、埼玉県川口市のSKIPシティ内にNHKが建設をした施設である。NHKが過去に放送した番組などの映像・音声などの保存や関係資料の所蔵・閲覧などを目的として、運営されている。
　（所在：埼玉県川口市上青木3-12-63）

　②放送ライブラリー
　放送ライブラリーは、横浜文化センター内に設置されている放送アーカイブのための施設である。ただし、放送ライブラリーでは、放送番組の収集に当たっては基準を定めているので、すべての番組を保存しているわけではない。
　（所在：神奈川県横浜市中区日本大通り11　横浜情報文化センター内）

（3）自治体等との連携による番組作成
　もともとCATVやFM放送は、地域との連携が深く、これまで地域に対するお知らせをはじめ地域特定番組の作成・放映など様々な情報提供をおこなってきた。また、CATVやFM放送など地域メディアとしてさらに地域との密接な活動をおこなうためには、自治体やNPO法人などと連携をした戦略を今後進める必要がある。
　自治体等と地域メディアとのより密接な連携の背景には、防災や防犯といった地域の「安心・安全」や、災害時などの非常時における地域情報の提供、また地域活性化などがあげられるが、その例は次のようなものである。

　【番組作成の戦略】
　・地域メディアであるという存在意義を高めるための地域の特徴を生か

第3章　地域の情報伝達と情報戦略

した番組の制作・放送を積極的におこなう。
・自治体や NPO 法人の組織内等にスタジオを設け、活動を見える化し、広く一般に示し、地域住民との交流をおこなうようにする。

　これまでは、放送局の放送スタッフや地域住民と共に、番組制作に取り組み、地域情報の提供や地域活性化を目的に、自治体等も協力していく傾向にあったが、今日の「放送と通信の融合」を活用した高機能の次世代テレビであるスマートテレビでは、大量のデータを一度にユーザーに送ることが必要であり、自治体や NPO 法人との連携により、その活用が実用化しつつある。
　例えば、インターネット網を活用した広域サービスとして、2015年1月以降、全国の46の地上波放送局、3つのケーブルテレビ局で実証実験がおこなわれ、実験対象番組が放送された。主な情報は、防災や気象情報をはじめ、地域イベント、観光、交通、商業、医療といった、生活に密着あるいは地域コミュニティに必要不可欠のものである。
　テレビ画面上に番組のほか、番組に関する情報など複数の情報・機能が表示され多様な情報活用ができるハイブリットキャストと呼ばれる方式では、テレビだけでは無く、パソコンやスマートフォンなどにも配信可能であり、実証実験をおこなった1局である㈱愛媛 CATV では、㈱アクトビラが提供する「ケーブルアクトビラ」のサービスに独自の視聴者からの要求に応じる VOD（Video On Demand）サービスを組み合わせた「アクトビラエヒメ」の提供を開始している。これは、東京にあるジャパンケーブルキャスト㈱が開発したインターネットによる多チャンネル配信システムを活用し、コミュニティチャンネルをデータ放送上で視聴可能にするシステムである。
　システム導入は、テレビ局である民間主導であるが、その情報を担うのは、自治体等との連携が必要不可欠である。また、災害などの非常時には、ネットだけではなく、ラジオや新聞といった、他のメディアとの連携（メディアミックス）がとれるシステム構築にも、自治体の役割は大きいと考えられる。地域情報の「見える化」「具体化」「アクセス化」が、テレビ媒体や放送番組と連携することにより、その垣根が低くなり、多くの地域住民に必要とされる「情報」が、双方向でいつでも気軽に簡単に手に入れる

ことができる可能性がある。

（4）住民ディレクター活動による地域の連携

　総務省では、ICT の利活用による地方活性化に向けて、先進的な地域情報化事例について広く募集をおこない、「地域情報化大賞」として、事例「住民ディレクター発！NHK 大河ドラマ追走番組プロジェクト」が選ばれ、表彰がおこなわれた。その要旨は、次のようなものである。

　村民が自ら制作した番組をケーブルやネットで配信する「住民ディレクター活動」について、大河ドラマという全国誰もが参加できる題材をベースに、追走番組を1年間（50回）配信し、ICT を利活用した多元中継や広報活動を各地域が連携して展開。その結果、視聴数約3万人（推定）を達成する等、地域の歴史の見直しや人や地域をつなぐ番組づくりへの共感を通じて地域活性化に寄与した。実施したのは、東峰テレビ（福岡県東峰村）、一般社団法人八百万人（東京都杉並区）である　（平成27年度版情報通信白書第3部、第8章、第6節 ICT 活用の推進より）。

第4章

地域産業と情報戦略

牛山佳菜代

　日本経済新聞社による「地域経済500調査」によれば、地域企業の人手不足が4割に達したという。主な理由としては、同業他社、他地域、大手企業との競合激化の他、地域の労働人口減などがあげられている（日本経済新聞、2015.11.15「地方「人手不足」4割　地域経済500調査」）。

　また、内閣府の「まち・ひと・しごと創生総合戦略（地方創生）」の政策パッケージの冒頭に「地方にしごとをつくり、安心して働けるようにする」とあるように、地域産業は地域経済の要である。しかし、各地域からの労働力人口の流出や女性登用の遅れなど、地域産業が抱えている課題は多様であり、地域産業の活性化は簡単なことではない。結果的には、地域産業の活性化により当該地域の持続性の向上に結びつけることが求められるが、その解決策はひとつではなく地域の状況によって様々である。そのためには、地域の置かれた環境や産業の特性に応じた戦略を考案し、実行していくことが必要である。

　そこで、本章では、地域産業においてどのように情報戦略を用いるべきか、また、それをどのように発展させていくべきか、具体例を踏まえながら検討していく。

1．地域産業とICT

　今日、地域企業の状況が大きく変わりつつある。「2015年版中小企業・小規模企業白書」によれば、どの地域においても農林水産業、製造業を始めとして就業者数が減少する一方、サービス業の就業者数は大きく増加しているという。地域における製造業の就業者数の減少の背景の1つとして、グローバル化の影響があげられる。

（1）地域産業の変容と今日の動向
　次の図表1を見ると、全国的に地域の中心産業が変化していることがわかる。製造業のみならず小売業、サービス業がその地域を支える産業として成立するようになっており、今後はこれらの産業構造の変化をとらえた成長戦略が求められている。
　また、今後の産業構造を大きく変革する可能性があるものとして、2020年に開催予定の東京オリンピックをあげることができる。東京都報道発表資料（2012年6月）によれば、「2020年オリンピック・パラリンピック開催に伴う経済波及効果は、約3兆円、雇用誘発数は約15万人」とされている。雇用誘発数に関しては、次の図表2に示しているように、東京都だけでなく、その他の地域にも及ぶことが想定されている。
　これだけを見ると雇用の誘発は限定的に見えるが、各機関の経済波及効果や過去のオリンピックの実績を踏まえて、リクルートワークス研究所は、全国で81.5万人の人材ニーズが喚起されると試算している（図表3）。
　また、特に建設業、サービス業の人材ニーズが高まることが読み取れるが、同研究所によれば、両産業とも人材難が続いており、企業側に様々な工夫が求められるという。実際、地域産業はすでに述べたように、人材不足が続いているが、この人材ニーズの高まりを捉えてその成長を図ることが必要である。

（2）ＩＣＴの現状と地域への影響
　2015年末の情報通信機器の普及状況をみると、「携帯電話・PHS」及び「パソコン」の世帯普及率は、それぞれ95.8％、76.8％となっている。また、「携帯電話・PHS」の内数である「スマートフォン」は、72.0％（前

第4章 地域産業と情報戦略

図表1 従業者数で見た地域の中心産業の変化

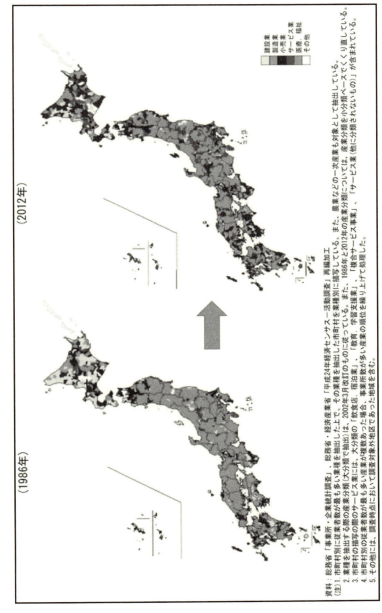

資料：総務省「事業所・企業統計調査」、総務省・経済産業省「平成24年経済センサス－活動調査」再編加工
（注）1. 従業者数が最も多い業種を抽出した上で、その業種を抽出した市町村を描出している。また、農業などの一次産業も業種として抽出している。
2. 業種を抽出する際の産業分類（大分類）は、2002年3月改訂のものに従っている。また、1986年と2012年の産業分類については、産業分類を小分類ベースでくくり直している。
3. 市町村の描写の際のサービス業については、大分類の「飲食店、宿泊業」、「教育、学習支援業」、「サービス業（他に分類されないもの）」が含まれている。
4. 市町村別の従業者数が最も多い産業が複数あった場合、事業所数の順位を繰り上げて処理した。
5. その他には、調査時点において調査対象外地区であった地域を含む。

出典：2015年版中小企業・小規模企業白書より引用

図表2　2020年オリンピック・パラリンピック開催にかかる雇用誘発数

項　目	雇用誘発数
東京都	83,706人
その他の地域	68,496人
全　国	152,202人

（出典：東京都ホームページ「報道発表資料」http://www.metro.tokyo.jp/INET/OSHIRASE/2012/06/20m67800.htm（2016年8月20日アクセス））

図表3　東京オリンピックが生み出す人材ニーズ予測

東京オリンピックが生み出す人材ニーズ予測

図表8　東京2020オリンピックがもたらす産業別人材ニーズ

産業分類	人材ニーズ(人)	就業者(人)	ニーズ比率(%)
製造業	44,130	10,320,000	0.4%
建設業	335,300	5,030,000	6.7%
卸売・小売業	85,440	10,420,000	0.8%
運輸業	26,780	3,400,000	0.8%
飲食・宿泊業	36,190	3,760,000	1.0%
情報通信業	20,240	1,880,000	1.1%
金融・保険業	16,580	1,630,000	1.0%
医療・福祉	20,430	7,060,000	0.3%
サービス業	167,530	9,060,000	1.8%
その他	62,640	9,520,000	0.7%
合計	815,250	62,700,000	1.3%

※就業者は労働力調査2012年平均より

図表10　産業別人材ニーズ時系列シミュレーション(単位:人)

図表9　全国の産業別人材ニーズ・時系列(単位:人)

産業分類	2013	2014	2015	2016	2017	2018	2019	2020	合計
製造業	340	350	1,080	3,470	5,080	5,330	6,650	21,830	44,130
建設業	4,170	6,010	17,990	63,840	79,950	90,060	53,140	20,140	335,300
卸売・小売業	660	680	2,090	6,710	9,840	10,320	12,880	42,270	85,440
運輸業	210	210	660	2,100	3,080	3,230	4,040	13,250	26,780
飲食・宿泊業	280	290	890	2,840	4,170	4,370	5,450	17,900	36,190
情報通信業	160	160	500	1,590	2,330	2,440	3,050	10,010	20,240
金融・保険業	130	130	410	1,300	1,910	2,000	2,500	8,190	16,580
医療・福祉	160	160	500	1,610	2,350	2,470	3,080	10,110	20,430
サービス業	1,290	1,340	4,100	13,160	19,290	20,230	25,250	82,880	167,530
その他	480	500	1,530	4,920	7,210	7,560	9,440	30,990	62,640
合計	7,860	9,850	29,740	101,530	135,210	148,010	125,470	257,590	815,250

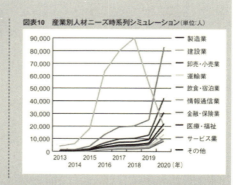

（出典：リクルートワークス研究所『東京オリンピックがもたらす雇用インパクト』）

年比7.8ポイント増）と、情報通信機器の普及が全体的に飽和状況の中スマートフォン保有が年々増加し7割を超え、急速に普及が進んでいる。インターネット利用者数は、2014年末より28万人増加して１億46万人（前年比

図表4　B to CにおけるEC市場規模とEC化率の経年推移

	2014年	2015年	伸び率
A. 物販系分野	6兆8,042億円 (EC化率 4.37%)	7兆2,398億円 (EC化率 4.75%)	6.4%
B. サービス系分野	4兆4,816億円	4兆9,014億円	9.4%
C. デジタル系分野	1兆5,111億円	1兆6,334億円	8.1%
総計	12兆7,970億円	13兆7,746億円	7.6%

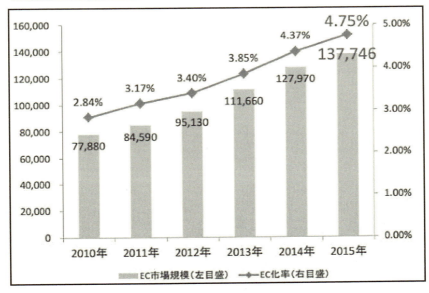

（出典：経済産業省「2016年度我が国経済社会の情報化・サービス化に係る基盤整備（電子商取引に関する市場調査）」）

0.3%増）、人口普及率は83.0％となった。また、端末別インターネット利用状況をみると、「パソコン」が56.8％と最も多く、次いで「スマートフォン」54.3％、「タブレット型端末」18.3％、「携帯電話・PHS」15.8％、「その他」12.2％となっている（2015年版情報通信白書）。

地域間格差はいまなお存在するが、多くの人々がインターネットを利用できるようになり、地理的な条件格差を克服するための下地が整備されつつある。逆に言えば、条件が不利な地域であっても、インターネットをうまく活用することにより、その販路の確保のみならず販路拡大に結びつけることが可能な状況である。
　また、近年、電子商取引市場が拡大しており、特に条件不利地域の企業にとっては、そのチャンスは広がっている。B to CにおけるEC（消費者向け電子商取引）市場については、図表4に示すように、2015年の日本国内の市場規模は、前年比7.6％増の13兆8000億円に成長している。分野別では最もプレーヤーの多い物販系ECが7兆2398億円で前年比6.4％増、ホテル予約などサービス分野系は同9.4％増となる4兆9014億円、デジタル分野が同8.1％増の1兆6334億円である。また、ECの浸透度合を示すEC化率（全商取引金額に対する電子商取引市場規模の割合）は2013年の3.85％から2014年は4.37％に上昇し、前年比0.52％増、さらに2015年は4.75％まで上昇し0.38％増となり、スマートフォン経由の物販ECは約2兆円の市場規模になっている。

（3）地域産業に関係するICT関連政策
　地域産業に関連する支援施策について、すでに多くの施策がいくつもの政策として設けられているので、ここでは、特にICT活用という観点から、近年の産業政策の動きを整理しておく。

①「まち・ひと・しごと総合戦略」
　地方創生施策における「まち・ひと・しごと総合戦略」においては、地域産業の競争力の強化、地方への人材還流・育成・雇用、ICTの利活用が主としてあげられており、各施策に応じたアクションプランが策定されている。アクションプランをまとめてみると、次の図表5のとおりである。
　図表5において、ICTという用語が直接登場するのは最後の「ICT等の利活用による地域の活性化」に関する項目のみであるが、実際のところ、全ての項目においてICTの活用が必要である。例えば、地域経済雇用戦略の企画・実施体制の整備においては、「ビッグデータ」の活用の促進が見込まれているほか、地域産業の競争力強化においては、電子商取引、クラウド等、ICTを各々の課題や状況に合わせてどのように用いるべきか

第4章　地域産業と情報戦略

図表5 「まち・ひと・しごと総合戦略」アクションプラン（個別施策工程表）

地域経済雇用戦略の企画・実施体制の整備	・地域特性や課題を抽出する「地域経済分析システム」の開発 ・地域の産官学金労が連携した総合戦略推進組織の整備 ・地域を支えるサービス事業主体の在り方の検討・制度整備
地域産業の競争力強化 （業種横断的取組）	・包括的創業支援（創業による新たなビジネスの創造や第二創業等の支援、大企業を含むベンチャー創造協議会の活用、ベンチャー企業とのネットワーク形成、個人の起業の推進、官公需への新規中小企業者の参入促進） ・地域を担う中核企業支援 ・新事業・新産業と雇用を生み出す地域イノベーションの推進 ・外国企業の地方への対内直接投資の促進 ・産業・金融一体となった総合支援体制の整備 ・事業承継の円滑化、事業再生、経営改善支援等
地域産業の競争力強化 （業種横断的取組）	・サービス産業の活性化・付加価値向上（サービスの優良事例の抽出・横展開、地域の大学等におけるサービス経営人材の育成等） ・サービス産業の活性化・付加価値向上（ヘルスケア産業の創出） ・サービス産業の活性化・付加価値向上（IT・ロボットの導入促進） ・農林水産業の成長産業化（「需要フロンティア拡大」、「バリューチェーン構築」、「生産現場強化」） ・観光地域づくり、ローカル版クールジャパンの推進（「広域観光周遊ルート」の形成・発信） ・観光地域づくり、ローカル版クールジャパンの推進（地域資源を活用した「ふるさと名物」の開発支援、「地域ブランド」の確立等付加価値の向上等） ・地域の歴史・町並み・文化・芸術・スポーツ等による地域活性化 ・分散型エネルギーの推進
地方への人材還流、地方での人材育成、地方の雇用対策	・若者人材等の還流及び育成・定着支援 ・「プロフェッショナル人材」の地方還流 ・地域における女性の活躍推進 ・新規就農・就業者への総合的支援 ・大学・高等専門学校・専修学校等における地域ニーズに対応した人材育成支援 ・若者、高齢者、障害者が活躍できる社会の実現
ICT等の利活用による地域の活性化	・ICTの利活用による地域の活性化 ・異常気象や気象変動に関するデータの利活用の促進

（出典：まち・ひと・しごと創生本部ホームページより筆者作成
https://www.kantei.go.jp/jp/singi/sousei/info/　（2016年9月20日アクセス））

検討する必要がある。

②総務省「地域経済好循環推進プロジェクト」

このプロジェクトは、「自治体がエンジンとなって、地域の総力をあげて地域の有効需要を掘り起こし、所得と雇用を生み出す」ことを目的として立ち上げられたものである。プロジェクトの概要は図表6のとおりで、ローカル10,000プロジェクト、分散型エネルギーインフラプロジェクト、自治体インフラの民間開放が主な施策としてあげられている。

ローカル10,000プロジェクトは、市町村の創業支援事業計画に対して補助をするものであり（地域経済循環創造事業交付金及び特別交付税措置を講じるもの）、2012年度は49事業（都道府県9、市町村40）、2013年度は17事業（都道府県1事業、市町村16事業）、2014年度は18事業（都道府県1、市町村17）、2015年度は26事業（都道府県5、市町村21）に交付がおこなわれ、2016年度は18事業所（交付金約3億9,800万円）に決定している。

図表6　地域経済好循環推進プロジェクト

（出典：総務省ホームページ「地域の元気創造プラットフォーム公式サイト」http://www.chiikinogennki.soumu.go.jp/chiiki/chiiki_genki.html（2016年9月4日アクセス）

第4章 地域産業と情報戦略

図表7 地域経済分析システム

【機能】民間調査会社が有する膨大な企業間取引データ等を「見える化（可視化）」することで、地域経済における産業構造や企業間取引の実態を空間的かつ時系列的に把握する。
【運用】国や地方自治体による地域産業政策や地域活性化政策の立案に活用する。

【機能】携帯電話の位置情報データやカーナビデータを用いることで、人の流れを「見える化」し、また、より細かいメッシュ単位で、1時間単位で、滞在人口（集積度合い）を把握。
【運用】地方自治体による個別の観光地政策立案や自治体間での広域観光連携の促進等に活用できる。

【機能】市区町村、都道府県単位で、人口推移、人口ピラミッド、人口移動、人口減少の要因（出生・死亡、転入・転出）について把握。また、年齢3区分別に将来の人口についても把握。
【運用】地方自治体が過去・現在・将来の人口予測・分析に基づいて、総合戦略を策定することに役立つ。

【機能】市区町村、都道府県単位で、様々な指標を比較可能。また、ランキングで自地域が全国でどの位置にいるか把握。
【運用】中小企業支援の目標設定や効果把握が可能（KPIの設定）。また、施策マップと連携することで、ランキング上位の自治体の施策を参照し、自地域の施策策定に役立てることができる。

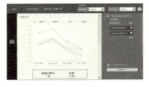

（出典：産業構造審議会地域経済産業分科会（第10回）資料）

111

③「地域経済分析システム」

各地域が、産業・人口・社会インフラ等に関し必要なデータ分析をおこない、各地域に即した地域課題を抽出し対処できるよう、国は「地域経済分析システム」を整備している。このシステムについて、産業構造審議会地域経済産業分科会（第10回）資料によれば、「地域経済に係わる様々なビッグデータ（企業間取引、人の流れ、人口動態等）を収集し、かつ、わかりやすく「見える化（可視化）」するシステム」と説明されている。このシステムは、図表7に示すように、産業マップ、観光マップ、人口マップ、自治体比較マップに分かれているが、特に産業振興においては、「産業マップ」の活用が見込まれている。企業間取引データ等を「見える化」する点に特徴があり、このシステムの利用により、自治体が地域の産業特性に基づいた産業支援策を検討することが可能になると考えられる。

図表8 中小企業による地域産業資源を活用した事業活動の促進に関する法律改正概要

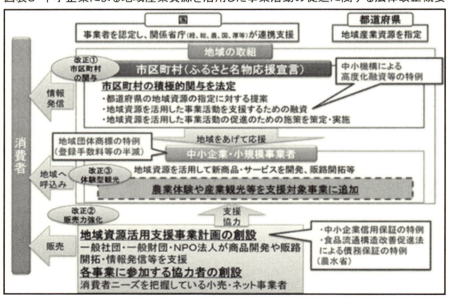

（出典：中小企業庁資料 http://www.chusho.meti.go.jp/shogyo/chiiki/2015/150708hurusato1.pdf（2016年10月4日アクセス））

④中小企業による地域産業資源を活用した事業活動の促進に関する法律（地域資源法）

　ICT が直接登場するわけではないが、地域産業の取り組みを検討するにあたり、重要であると考えられるので、ここではその内容について取り上げる。

　この法律は、地域資源を活用した中小企業の事業活動を促進し、地域活性化を図るために2007年に制定された。元々は、中小企業が、都道府県により指定された地域資源を活用した事業計画を作成し、国の認定を受けた場合、補助金、融資、信用保証などの支援措置を受けられるというものである。2015年の改正により、市区町村の関わり、複数の中小企業者の共同の取り組みへの支援強化、プロデューサー育成事業、「地域団体商標」の特例措置、販売力強化などが組み込まれ、支援措置が拡充されている。これにより、地域の各主体が連携して地域ブランド化を推進していくことが期待される。その概要は図表8のとおりである。

（4）地域産業とICTの利活用

　これまで述べたように、地域産業を取り巻く環境は著しく変化しており、様々な政策支援を受けながらも、いかに戦略を立てるかが重要になっている。また、その主体は、企業主体で取り組むべきものから、業種によって、例えばサービス業関連であれば商店会（商工組合）、さらに広く捉えれば自治体単位でおこなうべきものまで幅広い。地域産業が成長するためには情報の活用とその戦略が重要となる。

①ICTの進展と雇用

　ICT の進展により企業の雇用にも変化を与えている。企業がコストを削減したい場合には、まず定型的業務を ICT に代替させることが多い。また、企業が成長するためには ICT の上手な活用や、新規事業の創出にための ICT の活用と雇用の創出が考えられる。この関係を示したのが次の図表9である。

②クラウドファンディング

　クラウドファンディング（crowdfunding）は、クラウド（crowd）の意味の「群衆」とファンディング（funding）の意味の「資金調達」を組み合わせた造語である。これは、様々な分野で、幅広く多くの投資家や個人か

図表9　ICTの進展と企業、雇用との関係

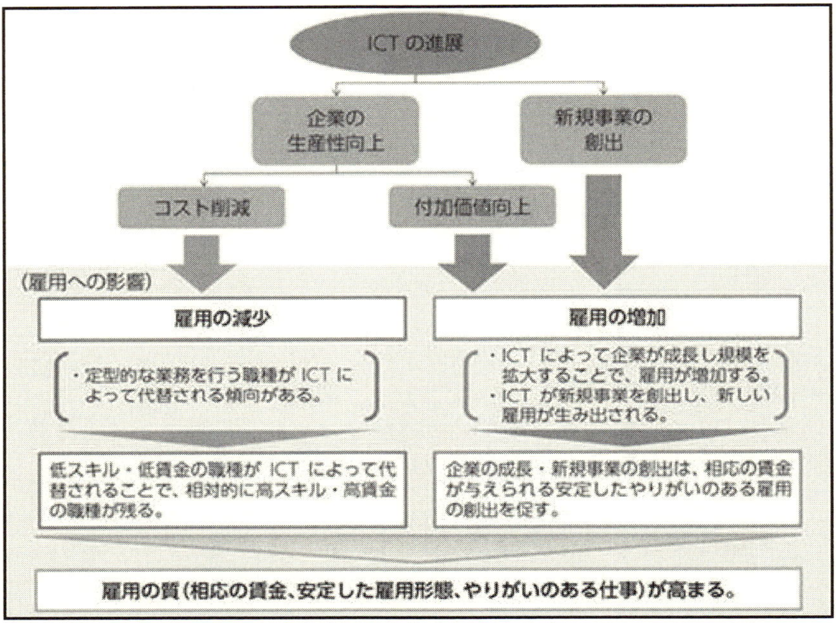

```
                         ICTの進展
                    ┌──────┴──────┐
                企業の            新規事業の
              生産性向上            創出
            ┌─────┴─────┐            │
         コスト削減    付加価値向上        │
(雇用への影響)│              │            │
            ▼              ▼            ▼
        ┌─────────┐          ┌─────────┐
        │雇用の減少│          │雇用の増加│
        └─────────┘          └─────────┘
```

- 定型的な業務を行う職種がICTによって代替される傾向がある。

- ICTによって企業が成長し規模を拡大することで、雇用が増加する。
- ICTが新規事業を創出し、新しい雇用が生み出される。

低スキル・低賃金の職種がICTによって代替されることで、相対的に高スキル・高賃金の職種が残る。

企業の成長・新規事業の創出は、相応の賃金が与えられる安定したやりがいのある雇用の創出を促す。

雇用の質(相応の賃金、安定した雇用形態、やりがいのある仕事)が高まる。

(出典：中小企業庁資料)

ら資金を調達する方法として利用されている。個人の投資額を小口でもよいようにすることで各個人が出資しやすくなり、小額の出資ではあるが数多く集めることができることで多額の資金を調達することができる。これには次の3つのタイプがある。

【資金のタイプ】
・寄付型：提供者への金銭的なリターンがないタイプ
・購入型：提供者に何らかの権利（作品の購入、イベント招待などの金銭以外）があるタイプ
・投資型：事業が成功すれば金銭的リターンがあるタイプ

クラウドファンディングでは一般に、インターネットを利用し、ホームページ上で不特定多数に対して、組織などが実現したい事業計画を公表し、資金の提供や協力を呼びかける。これを地域の活性化のために利用すると

すれば、NPO 法人などの地域の組織が新事業や活動を企画し、ホームページ上で資金提供を呼びかけることなどがあげられる。ただし、この場合、資金提供者に対してリターンについて明示しておくことが必要である。

矢野経済研究所の「国内クラウドファンディング市場調査」（http://www.yanoict.com/report/10724.html（2016年10月4日アクセス））によると2015年度市場規模は363億3400万円（前年度比68.1％増）になるという。

例えば、関東財務局横浜財務事務所の「経済調査レポート」によると、鎌倉の地域活性化プロジェクトの実行者（NPO 法人、個人、団体など）が、鎌倉を良くするアイデアや調達する資金の目標額、リターン（プロジェクトの成果物や体験、サービス等）などを鎌倉市限定クラウドファンディング「iikuni」のホームページに掲載し、募集期間内に目標金額に達した場合にプロジェクトが実行されることにした。調達資金の85％は実行者に支払われ、残り15％は「iikuni」の運営費（サーバーレンタル料など）に充てられる仕組みとなっている。これによって実行した主なプロジェクトの1つに「市民も観光客も気楽に集える新たなコミュニティスペースの創出」（達成金額：688千円（目標金額：650千円）達成率：105％ 実行者：認定 NPO 法人 鎌倉市市民活動センター運営会議）がある。これは、市民や観光客が気軽に集える新たなコミュニティスペースとして、2014年10月に鎌倉駅前で立ち上げられた「きららカフェ」で、そこで提供するメニューや什器、備品等を充実させ、幅広く利用客を呼び込みカフェの活性化に繋げるプロジェクトである。協力者にはリターンとして、「きららカフェ」内で利用できるコーヒーチケットや東北地方の名産品などが提供される。当初は、協力者からの資金提供が伸び悩んでいたものの、カマコンバレー（支援団体）によるアドバイスや実行者である NPO 法人の人的ネットワークを生かし、禅寺の住職など鎌倉の有名人たちにカフェの店長をして貰うなどの PR をおこなったところ、大きな反響とともに幅広い世代の利用客が集まり、プロジェクトも目標金額を達成した（http://kantou.mof.go.jp/content/000114482.pdf）。

2．販路拡大とICT

（1）新規市場開拓の課題
　地域企業にとって、販路開拓は極めて重要である。大企業であれば自社ブランドの活用が有効な手段になりうるが、特に中小規模で経営資源が潤沢ではない地域企業の場合、自社ブランドの確立がすぐにできるわけではない。その場合、事業連携による販路拡大や、地域が一丸となって地域ブランドを確立させることが、新規市場の開拓に結びつく可能性がある。しかし、新規市場の開拓には図表10に示すような課題がある。

（2）地域ブランド化におけるICTの活用
　実際、これまで述べたような支援施策を用いるなどして、販路拡大を積極的におこなっている地域も見られるが、その際にICTを適切かつ効果的に活用していくことが必要である。ここでは、それぞれの特徴的な事例について、その成功のポイントを見てみよう。
①和歌山県北山村の特産品販売
　和歌山県北山村は、日本で最初に「楽天市場」に出店し、ICTを活用して特産品である「じゃばら」の販路拡大の成功例として広く知られるようになった。北山村は、和歌山県に立地するが、三重県と奈良県に囲まれた全国で唯一の飛び地の村である。古くから林業が盛んな地域であり、「じゃばら」とよばれる特産品を産出している。この「じゃばら」は、柑橘類の一種で、ゆずに比べて酸味や苦味が強いのでジュースやサイダーなどに加工されている。また、花粉症改善の効能も報告されている。
　2001年に、自治体として初めて楽天市場に出店し、販路の拡大、格安な送料設定によって市場競争力を向上させることができた。2006年に、ブログのポータルサイト「村ぶろ」を導入し、ユーザーの多くの口コミが擬似広告的役割を果たすようになり、認知度の向上に結びつくことができた。2009年からは、独自のホームページを立ち上げ、マージンや手数料を伴わずに販路をさらに拡大することができた。また、このECサイトによる「村ぶろシステム」は、北海道上士幌町や鳥取県のNPO法人に再販売することでさらに利益を得る仕組みを構築している。

第4章 地域産業と情報戦略

図表10 企業における新規市場開拓の課題 ー販路開拓①販路開拓の取組と売上ー

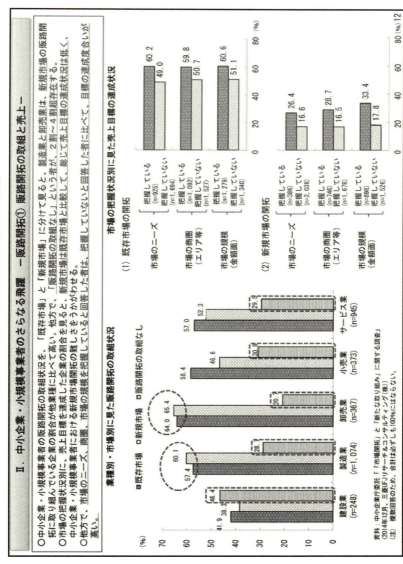

出典:中小企業庁「2015年版中小企業白書について」(概要)

②佐賀県武雄市のFacebook
　佐賀県武雄市では、「行政こそが Facebook（フェイスブック）を活用して市民とのつながりを強化していくべき」として、これまでの公式ホームページを同市の Facebook ページに一本化した（2016年9月現在はホームページと併用に移行）。この場合、データはサーバに残し、Facebook ページ内に外部からのリンクとして表示するようにし、「くらしの便利帳」や市政情報などのコンテンツは Facebook のページ上で見られるようにしている。武雄市は、このような Facebook 内に専門ページ「F&B 良品 TAKEO」を設けて地域の特産品販売をおこない、職員自ら販売品の紹介をして地域活性化や同市のブランディングを進めている。

図表11　佐賀県武雄市のFacebookページ

（出典：佐賀県武雄市の Facebook ページ https://ja-jp.facebook.com/takeocity
（2016年10月4日アクセス））

③青森県板柳町の「丸かじりできるりんご」
　青森県板柳町では、同町のりんご関連産業の振興を大きな目的として、生産における安全性の確保などを目標とした「りんご丸かじり条例」を2002年12月に公布している。同町では、その実証手段として、生産の情報管理およびその情報公開に係る一連の工程に ICT を利活用している。　これは、生産者の記帳（入力）と消費者による閲覧の双方について、最大限の

簡易化を追求し、その定着を図ることを目的とした全町的な「りんご生産情報公開システム」（アカウンタビリティ・トレーサビリティシステム）を構築したものである。その結果、板柳町生産のりんごが「安心して丸かじりできるりんご」として、消費者に受け入れられ、市場価格を上回る価値を獲得している。

図表12　「りんごまるかじり条例」

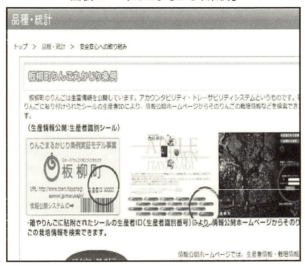

（出典：青森県板柳町ホームページ http://www.ringodaigaku.com/main/system/itayanagi.html （2016年10月4日アクセス））

④宮城県山元町の「ミガキイチゴ」

宮城県山元町は、東日本大震災において甚大な被害を被った地域である。山元町出身の岩佐氏が、壊滅的な被害を受けたイチゴ農業の復興を図るため、特定非営利活動法人（NPO）GRAを立ち上げたことに始まる。岩佐氏のインタビュー記事によれば、岩佐氏は、まず農業産業化にあたり、品質安定のために、ITによる環境制御をおこなった。この際のポイントになったのは、実際の地元の熟練農業者のノウハウを形式知化し、「ハウス内の温度や湿度、日照やCO_2の濃度など、さまざまな生育条件をモニタリングし、数値化して栽培に反映させる取り組み」をおこなったことであ

図表13　ミガキイチゴ

（出典：株式会社 GRA ホームページ http://gra-inc.jp/product/index.html （2016年10月4日アクセス）

る。その結果、「ミガキイチゴ」は2013年度にグッドデザイン賞を受賞、都心をはじめとする百貨店で１箱1,000円という高価格で販売されるようになった。また、実店舗のみならず、日本郵便のカタログ販売、Yahoo!ショッピング、楽天市場のオンラインストアで販売されている。

　さらに、GRA は、産業革新機構、NEC、JA 三井リースとの共同出資で「新規就農者支援事業」を開始し、GRA がこれまで培ってきた「IT を活用したイチゴの生産技術」や、「ミガキイチゴブランドによる販売サポート」などを通じて、新たに農業をおこなう人々を包括的に支援しようとしている。

（3）事業連携におけるICTの活用
①越後ものづくりネットワーク

　新潟県三条市では、主製品である既存の製品分野の市場が伸び悩み、中国をはじめとする生産の海外化の進展による空洞化などが進んでいた。地場産業全体が縮小しており、事業所数・従業者数・製造品出荷額等が漸減していた。こうしたなか、地域経済を活性化していくためには、地場産業において、専門的なユーザーだけではなく、一般消費者に対しても三条産地の認知度の向上（＝イメージアップ）を図るとともに、地場産業全体の競争力を強化することによって、海外も含めた地域外受注など商圏を拡大

していく必要があった。そのため約500社の金属加工関連の中小企業が参加する協同組合がポータルサイトを構築した。

　この定量的効果としては、2004年から2010年12月までに1,900件以上の新規見積り依頼があり、800件以上に見積りを提出し、238件の成約を得た。

　その結果、所属組合員企業に4億円以上の新規受注をもたらした。組合員企業のメールアドレス登録数も初期の102件より400件以上まで増やすことができた。また、定性的効果としては、IT戦略が一定の成果をあげたことでマスコミからの取材回数が増加し、三条工業会の知名度がアップした。それに伴い組合員数も増加し、各組合員が引き合い情報を共有することで、1つの引き合いを協力して販売に結び付けることができ、新たなコラボレーションが生まれた。こうしたことから2004年総務省の地域情報化モデル事業「e まちづくり」事業に認定され、2006年地域総合整備財団の「e-地域ビジネス支援事業」にも認定され、「地域情報化総合推進セミナー2006・八戸」での事例発表、「2007 Future Vol4」に先進事例として掲載、「2007年日経地域情報化大賞新潟県知事賞」を受賞した。その結果サイトの信用が高まり、より広範囲な情報が入るようになった。さらに、それらの情報を組合員が共有することにより、三条工業会に対する連携意識が強化され、組織力がアップすることができた。

②越後ものづくりネットワークの今後の課題

　今後の展開に対して、三条工業会では、「越後ものづくりネットワーク」をバーチャルファクトリー（仮想工場）の営業部門として位置づけ、このサイトの運用を三条工業会IT戦略の最重要事項と位置づけている。このサイトを用いて三条地区の技術力のアピール・地場の受注額の増加・地場の競争力強化につながる新製品の開発をさらに推進し、優れた製品を全国に販売するとともに、世界に通じる三条ブランドを確立して地場製造業の再生をめざしたいと考えている。組合員間にIT習熟度の温度差があることも否めないが、サイトの運用実績をさらに上げることで、組合員のITに対する興味がさらに高まり、解決できると考えている。また、他地域のB to BにおけるEC（業者間の電子商取引）サイト等とも相互リンクをおこない、相互理解を図りながら、さらなる有効活用を図りたいと考えている。

3．企業立地とICT

　企業誘致は、雇用拡大、経済波及効果において直接的な影響力がある。各自治体は、より魅力の高い企業を呼び込むため、補助金、融資・税制優遇制度など多くの支援施策を設けている。日本の場合、戦後、工業再配置促進法、テクノポリス法、産業クラスター計画、企業立地促進法などによる産業の分散を図ってきたが、成功した例は少ない。現在では、自動車、その他重工業の誘致によって税収増が見込める時代ではなく、今後は、新たな企業立地施策が必要になっている。ICT 関連企業は、場所性を問わないのが特徴である。ICT 企業の集積・展開等により、地域に与える影響も大きい。

（1）ICT企業等の集積による地域振興

　ICT 企業などが集積され、地域の振興に大きな実績を持つ徳島県神山町の事例を見てみよう。

　徳島県神山町は、人口約6,000人、また交通も不便な地域にあるが、IT系ベンチャー企業やクリエイターの集結により、全国的に有名になった町である。過疎化が進む神山町が取り組んだのは、観光資源などの「モノ」に頼って観光客を一時的に呼び込むことではなく、「人」を核にした持続可能な地域づくりである。NPO 法人グリーンバレーが中心となり、総務省地域 ICT 利活用モデル構築事業によりホームページを制作し、全国トップクラスの通信環境と新しいビジネスコミュニティの創出に至り、2010年10月以降、ベンチャー企業などの企業が神山町にサテライトオフィス（satellite office）を構えたり、本社を移転したりしている。また、地域振興からも地域外からの移住者が必要で、仕事を持った人の移住を進める「ワークインレジデンス（Work-in-residence program）」や、さらに各種の芸術活動をおこなう人を招聘して一定期間作品制作をおこなう「アーティストインレジデンス（Artist-in-residence program）」の取り組みもおこなった（参考：ビジネス+IT「徳島県神山町の"創造的過疎"アプローチでなぜベンチャーやクリエイターが集まるのか」http://www.sbbit.jp/article/cont1/28138（2016年10月10日アクセス））。

（2） IT企業の展開による地域振興

　前例と同じ徳島県であるが、IT企業の活発な展開による地域振興をおこなった美波町の事例を見てみよう。

　徳島県海部郡美波町の株式会社あわえ（従業員10名、資本金1,000万円）は、地域文化資源保護・継承事業、企業誘致・定住促進支援事業等、地方を元気にするための事業を展開している企業である。同社の吉田社長が、自身のITベンチャー会社のサテライトオフィスを故郷である同町に設置した際に、地域住民との交流が進む中で、「外から人が来ることで町に活気が生まれた」という住民の声を聞き、地域を元気にしたいという思いから同社を設立した。

　美波町は、多くの地域資源があるにも関わらず、少子高齢化と若者の流出によって人口減少に歯止めがかからないという過疎地域特有の問題が深刻化していた。この状況を改めて実感した吉田社長は、地域の資源を活用した地域活性化のための事業モデルを作ろうと考えた。まず、放置された空き古民家などの貴重な昔の風景や個人の写真をデジタル化して、クラウド上に残すフォトストックサービスを開始した。次に、地域の第一次産業の活性化を図るために、地域でしか消費されない少量の生産品にパッケージデザインや生産に関するストーリーを付加するなどのブランディングをおこない、地域外に独自の直販ルートを構築した。これらの取組により、今まで価値を見出されてこなかった地域の資源がより価値のあるものとして生まれ変わることができた。また、明治時代に建てられ、かつては地域の交流の場であった銭湯をリノベーションし、地域の人々の新たな交流拠点とするとともに、そこに同社の事務所を設置し、都市部から来訪する人々と地域住民をつなぐ機能を持たせた。

　同社の取組を契機に、進出企業が増えた同町では、新たな雇用創出による若年人口の増加やそれに伴う高齢化率の低減も期待され、町全体が活性化しつつある。同社は現在、地域住民から様々な事業の相談が持ち込まれる存在になっているが、この美波町における地域活性モデルの成功は、同様の悩みを持つ多くの地域にとっても問題解決の糸口となり得ると考えられ、各方面から大きな期待が寄せられている。

　この成功要因の1つとして、同社の吉田社長が、地域住民の声に耳を傾け、少子高齢化や人口減少といった地域課題を地域にある資源を磨くこと

によって解決しようとした点があげられる。資源をそのまま活用するのではなく、しっかりと磨くことで本来持っている資源の価値を最大限引き出すことに成功した。この事例では、放置された空き古民家や貴重な昔の風景、個人の写真、地域でしか消費されない少量の生産品、明治時代に建てられた、かつては地域の交流の場であった銭湯など、地域住民からみれば当たり前の存在であったものが、一度故郷を離れた吉田社長の目から見ると価値を見いだせるものに映った。また、一度故郷から離れたことで、再発見しようとする意志が強く働いた。これは、地域の資源を違った目線でみることで、地域資源の潜在的価値を引き出すことも可能であるということを示唆している。

同社は、今後、美波町での事業モデルを継続しつつ汎用化し、同じような悩みを持つ他の地域にも拡げていきたいと考えているが、設備投資等のための資金調達や新製品・サービスの開発等が課題となっている。特に、吉田社長は、小さな町で事業を展開する場合、利害関係が発生することが少なくなく、事業が円滑に進むよう地元との調整役を果たす機能が必要であると考えている（参考：日本経済新聞「徳島県、美波町にＩＴ企業など４社進出　過疎オフィス事業」http://www.nikkei.com/article/DGXNZO58234660X00C13A8LA0000/および Tokushima Working styles 「「ウミガメとマリンスポーツの町」美波町」http://www.tokushima-workingstyles.com/workingstyles/locality/minami.html（2016年10月4日アクセス））。

4．ビジネス創造企業改革とICT

地域の活性化を図るために、地域資源を活用するとともに高齢者などのマンパワーを活用した情報戦略型の産業を創造したり、持続可能な地域社会づくりのための企業改革はいつの時代にあっても必要であろう。ここでは、このような地域産業の創造・改革の代表的な事例について取り上げる。

（1）ＩＣＴを利用した新ビジネス創造

ここでは、高齢化が進む地域において、ICT を活用した新ビジネスを創造し展開をした徳島県勝浦郡上勝町の事例を見てみよう。

上勝町は、葉っぱビジネス（いろどり事業）において一躍有名になった

第4章　地域産業と情報戦略

町であるが、生産者間の情報共有ツールとして ICT を活用した点にポイントがある。葉っぱビジネスにおいて、市況ニーズと出荷商品のマッチングをおこなった。生産農家が毎日の市場の状況をシステムから入手し、自分たちで分析して出荷内容を判断している。これを「彩ネットワークシステム」として、POS システムの仕組みを活用したことで、高齢者も操作しやすくなっている。これらが成功したポイントとしては、マイクロソフト社との連携があげられる。これについてマイクロソフト社のニュースリリースでは次のように記述している。

　徳島県勝浦郡上勝町（町長：笠松和市、以下、上勝町）とマイクロソフト株式会社（本社：東京都渋谷区、代表執行役社長：ダレンヒューストン、以下、マイクロソフト）は、共同で更なる ICT の利活用による上勝町の地域振興、および上勝町と同様に過疎や少子高齢化、産業構造の変化等多くの課題を抱える地域の模範となる事例創出を目指し、覚書を締結しました。両者は、IT 技術者の不足する過疎地域における自立的な ICT 利活用促進の運用および地域ぐるみの町民の ICT リテラシーの向上、上勝町内にすでに敷設されている光ファイバー網のインフラを活用した地域情報基盤の事例作成を共同でおこないます。
　上勝町は、高齢者を中心としたいろどり事業など、従来から ICT を利活用して地域振興を展開しており、マイクロソフトとの協力により、いろどり事業以外の活動にも積極的な ICT の利活用を推進し、地域振興の先進地域としての模範となることを目指していきます。
　マイクロソフトは、上勝町の協力により得られた成果を、全国の同様な状況にある地域にも実践的に展開していくことを目指し、事例のモデル化と情報発信をおこなっていく予定です。今後、上勝町、マイクロソフトに加え、これまで上勝町の情報化を支援してきた徳島大学とも緊密に連携していく予定です。
　マイクロソフトは、上勝町の活動に必要な IT インフラの情報提供と技術支援をおこない、上勝町および町内の各機関・団体を積極的に支援します。マイクロソフトでは、日本における企業活動の基盤となる経営方針として提唱している「Plan-J」に基づき、地域への投資を拡大し、自治体、大学、NPO などとの連携により、ICT の活用による地域活性化と地域の課題解決促進の取り組みを進めています。四国地域における投資の拡大として、新たに2007年7月に活動拠点として、「四国支店」（所在地：香川県高松市）を開設しました。本取組

は、支店開設後の徳島県における自治体との初の取り組みとなります（Microsoft ホームページ「プレスリリース」http://www.microsoft.com/ja-jp/presspass/detail.aspx?newsid=3219（2016年10月4日アクセス））。

（２）外部と連携した共同受注システムの構築

ここでは、地域団体が新しく外部と連携すること共同受注システムを構築した群馬県桐生市のNPO法人の事例を見てみよう。

NPO法人キッズバレイは、群馬県桐生市において、若者・子育て世代のくらしを支援して、地域経済の活性化を目指す団体である。きりゅうアフタースクール事業、起業支援事業、コワーキングスペース運営事業等を実施している。2014年10月から、桐生市のママコミュニティー「ままのwaきりゅう」を中心に試験的に仕事提供を開始し、2015年には対象者を広げ、条件を満たすキッズバレイマイチームに所属する方全員を対象とした本格運用を目指している。ここで取り上げるのは、「キッズバレイマイチーム」である。桐生市・みどり市在住で、一定のスキルを持ったママたちの登録制によるキッズバレイマイチームを結成し、働き方、拘束時間、収入など、それぞれの希望に応じて、定期的に仕事を受けることのできる仕組みを構築している。業務の受け方およびサポート体制については次のように記載されている。なお、クラウドソーシング（crowdsourcing）は、群衆（crowd）と業務委託（sourcing）を組み合わせた造語で、インターネットなどを利用して、外部の不特定多数の人に専門性の高い業務を委託して事業成果を得ようとするものである。ここでは、不特定多数ではなく事前の登録者に業務委託している。NPO法人キッズバレイは、その活動について次のように述べている。

　　キッズバレイマイチーム登録者を対象に、過去の経験や、実務スキルに合わせて、業務カテゴリー別（※）のチームに分け仕事を受注します。（※：ライティング、デザイン、翻訳、WEB製作等）
　　クラウドソーシングを活用することで、住んでいる地域に関係なく個人のスキルを活かせるのが、一番の魅力。また、ひとりで受けられる仕事量は限られてしまいますが、チームをつくることで、受注できる仕事の範囲がひろがります。また、キッズバレイがチームのつなぎ役となることで、わからないことを

気軽に相談できたり、業務のノウハウを共有し合えるなど、メリットもたくさんあります。

ママになると、なかなか自分の成長やスキルアップについて考えたり、相談する機会が減ってしまうもの。でも、キッズバレイのマイチームでは同じ地域に住むママ同士、ママ自身のキャリアプランの話などもメンバー同士でできるのも魅力ですね。

また、キッズバレイは、クラウドソーシング・プロデューサーとして、受注側だけではなく発注側の支援もおこなっています。群馬県内の起業家や中小企業を対象にクラウドソーシング活用事例の紹介や、利用方法の勉強会も今後定期的におこなっていきます。

5．ICTを活用した商店街の活性化

地域が抱える課題は数多いが、そのひとつとして、商店街の衰退があげられる。商店街は、戦後の復興期から成長が著しく、地域商業の中心であり、また、地域の人々が集う場として成立していた。

（1）商店街の衰退
実際、地域商業を牽引する存在でもあった商店街であるが、1973年以降の「大規模小売店舗調整法」に代表される法律の影響やモータリゼーションの進展、電子商取引への移行等により、商店街のシャッター街化が進むこととなった。次の図表14をみるとわかるように、空き店舗率の増加により、いわゆる中心市街地の空洞化が進んでいる状況にある。

図表 14　商店街の空き店舗率の推移

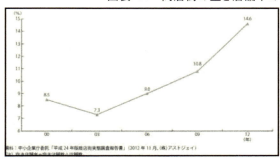

（出典：平成26年度中小企業・小規模事業白書 http://www.chusho.meti.go.jp/pamflet/hakusyo/H26/h26/html/b2_2_1_4.html （2016年10月4日アクセス））

図表15　商店街の抱える課題

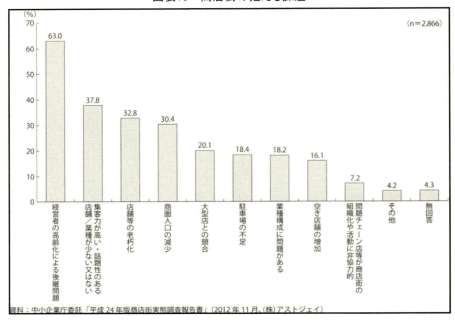

(出典：平成26年度中小企業・小規模事業白書 http://www.chusho.meti.go.jp/pamflet/hakusyo/H26/h26/html/b2_2_1_4.html（2016年10月10日アクセス））

（2）ICT利活用による商店街活性化への道

　商店街の抱える課題は図表15に示すように多様で、取り巻く環境は厳しい。しかし、一部の商店街では、様々な主体が連携し、地域一体となったまちづくりを進めており、工夫次第では商店街活性化の可能性はあるのではないかと思われる。実際、日本経済新聞記事（2012年9月9日）による図表16の専門家のコメントでは、やり方次第では活性化の可能性が見出されている。

　今のところ、ICT を戦略的に活用している商店街は少ない。商店街を継続的に活性化するには、インフラを整備することは当然であるが、活動資金、活動主体、主体間の連携等ソフト面に関する戦略が重要である。そのために、いくつかの事例を検証していく。

第4章　地域産業と情報戦略

図表16　中心市街地の活性化に関する専門家コメント

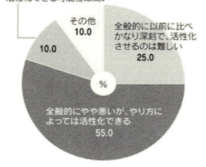

（出典：日本経済新聞記事（2012年9月9日））

図表17　手持ちのスマホに商店街サイトが自動的に立ち上がる

①自由が丘商店街振興組合（東京都商店街ホームページより引用）

　自由が丘駅に降り立ち高速無線通信「Wi-Fi」（ワイファイ）にアクセスすると、手持ちのスマートフォンの画面上に、自動的に「自由が丘オフィシャルガイド」サイトが立ち上がる（図表17）。ここには商店街イベントや約500の店舗情報等が網羅され、災害時用に地域の避難場所や交通情報も備える。今後急増が見込まれるスマートフォン利用者を街・店へ呼び込むと同時に、地域の安全安心も支える新たな商店街インフラもめざしたモデル的な試みがスタートしている。

今回の無線通信システムの導入は、目黒区の自由が丘商店街振興組合（岡田一弥理事長）とNTT東日本の連携による「自由が丘光Wi-Fiシティ計画」の一環で、商店街エリアの屋外約20カ所にWi-Fi基地局を設置しており、各設備それぞれが半径100メートル程度をカバーしている。各店舗内おいても小型基地局の設置が進行中で、来街者が商店街のどこでも手持ちのスマートフォンやパソコン等で地域情報と"つながる"インフラとなっている。

　自由が丘オフィシャルガイド・サイトからは、イベント情報に加えてグルメ、ファッション、リビングなど約500店舗の情報や優待クーポンを、キーワードやジャンル別検索で引き出せる。商店街発行のオフィシャルガイドブック（700円）の一部を、無料でダウンロードできるサービスも盛り込んでいる。店や商店街からは、時間限定クーポンや「焼きたて」情報など「今、自由が丘にいる」来街者向けならではの、リアルタイムな販促情報の発信も可能である。

　一方で、災害時の情報提供機能も充実させた。同オフィシャルガイド・サイト内の災害時用ページには、安否確認の伝言ダイヤルや伝言板、自由が丘周辺の電車情報、避難場所情報などを網羅している。2011年の東日本大震災時には情報提供体制が不備だったとの反省に立ち、買い物客、在勤者、店舗の従業員、地元住民など商店街エリア内の幅広い層の安全・安心情報ニーズにも対応している。

　2015年5月3日から6日までおこなわれた「自由が丘スイーツフェスタ」では、無線通信の稼働スタートもPRした。会場にはNTT東日本のWi-Fiキャラクター「光の天使」が登場したほか、オフィシャルガイド・サイトのトップページは「自由が丘スイーツフェスタ」バージョンへと切り替えた。スマホを駆使してスイーツ店ラリーを楽しむ姿も多く見受けられるなど、期間中に約3,000人からの閲覧を得たほか、オフィシャルガイドブックのダウンロード数は250を数えている。外部へのアクセスは現在のところ災害関連情報に限られるが、将来的には、こうして商店街と来街者が"つながる"機能に加え、来街者が現場発の口コミ情報を外部へ発信できるような機能も期待される。

②ハッピーロード大山

　ハッピーロード大山のモットーは「一生づきあいします」「安心・安全

第4章　地域産業と情報戦略

・快適・楽しい」街づくりである。加盟店舗数211店、来街者数は1日に約32,000人で、近接型商店街である。1946年に「大山銀座駅前通り商店会」、1956年に「大山銀座美観街」が結成され、1977年に2つの商店街が合併したことで、アーケード全長約560mの大型商店街となった。この商店街は、経済産業省「がんばる商店街77選」に選出されているほか、多くの受賞歴がある。その要因としては、商店街と農山漁村の交流による双方の活性化を目指して作られた、全国ふる里ふれあいショップ「とれたて村」の影響が大きい。この店舗では、常設店舗により特産品販売、ふるさとイベントの実施、提携している15市町村と地元住民との交流事業等をおこなっており、商店街の賑わいと地域の活性化の両面の役割を担っている。この「とれたて村」におけるICT戦略としては、Twitter（ツイッター）の戦略的活用があげられる。ここで、東京都商店街ホームページを引用すると次のとおりであり、とりたて村の画面は図表18のとおりである。

「バター餅が明日、北秋田から入ってきます。すぐに売れてしまいますので、お早めに！」「川越、飯野農園の野菜がただいま入荷しました！」・・・。「板橋区のハッピーロード大山商店街振興組合（三ツ井修理事長）の地方物産販売拠点「とれたて村」では、このほど公式ツイッター（ツイッター・アカウント：@toretatemura）による情報発信をスタートさせた。」

図表18　とれたて村のTwitterページ

（https://twitter.com/toretatemura（2016年10月4日アクセス））

Twitterを「とれたて村」スタッフによる気軽な店頭情報の受発信ツールと位置づけており、「とれたて村」および商店街の集客強化に活用している。
　開業から7年、順調に売上げ・集客を増加させている「とれたて村」であるが、地元高齢者が中心客層で新規顧客層の開拓が今後の課題である。そこでTwitterの導入により、食にこだわるニッチかつ広域的な客層を新たな集客ターゲットとして強化しようとしている。
　例えば、前述の"つぶやき"が紹介する「バター餅」は、全国にファンを持つ人気商品である。地元の秋田県以外では「とれたて村」でしか入手できないことから、インターネットで探し当てた遠方客が商店街まで買いに訪れることもある。地方生産地との幅広いネットワークを持つ「とれたて村」の強みである品揃えを、より広いエリアの潜在顧客層にPRできると期待されている。

図表19　ハッピーロード大山TVにアップされている動画の一部

（出典：YouTube「チャンネルハッピーロード大山 TV」https://www.youtube.com/user/happyroadTV（2016年10月4日アクセス））

第4章　地域産業と情報戦略

　また、ハッピーロード大山におけるもうひとつの ICT 戦略としてあげられるのは、毎月 YouTube（ユーチューブ、動画投稿サイト）で配信している「ハッピーロード大山 TV」である。番組が始まったのは2011年10月で、月に１回、生放送をおこなっている。YouTube への動画の登録数は約200本、再生回数は約4万5,000回（2014年5月現在）に及んでいる。番組の内容は、地域、商店街、お店のイベントやお得な情報、「とれたて村」に参加している日本各地の地域情報等である。この「ハッピーロード大山 TV」は、商店街内に設置されているテレビ、YouTube、USTREAM の同商店街チャンネルから視聴することができる。この取り組みを始めたのは、中小企業診断士の千種氏であるが、現在では、商工会青年部や外部の人間を巻き込んでこの商店街にとってなくてはならないものになっている。

6．情報化による地域の活性化の例

　総務省では、ICT の利活用による地方活性化に向けて、先進的な地域情報化事例について広く募集し、「地域情報化大賞」として、いくつかの事例を選び、表彰している。その事例は、次のようなものである（平成27年度版情報通信白書第3部、第8章、第6節 ICT 活用の推進より）。

①フォレスタイル 森の恵みに満ちた暮らし方提案ホームページ（岐阜県東白川村）
　大幅に減少した村内全工務店の木造建築受注数を改善するため、村役場が主体となり専用ホームページを通して"東白川の家づくり"を提案する仕組みを6次産業化に展開して構築した。その結果、官民協働で運営している信用度の高さと建築にかかる費用が明瞭となるシステムを特徴として顧客を拡大、受注量の回復（事業開始時から85％増加）や村民の雇用確保・収入安定に貢献した。実施したのは、岐阜県東白川村である。

②ICT利活用による次世代型水産業の実現（愛媛県愛南町）
　「水域情報可視化システム」、「魚健康カルテシステム」、「水産業振興ネットワークシステム」の3つのシステムからなる「愛南町次世代型水産業ネットワークシステム」を構築し、町、漁協、大学、漁業者が連携して運用した。その結果、関係者による情報の共有化が進み、魚病、赤潮等による漁業被害の対策を連係して実施することによって、町の基幹産業である

133

水産業の振興を実現した。実施したのは愛媛県愛南町である。
③センサーネットワークによる鳥獣被害対策（長野県塩尻市）
　既存の通信基盤とセンサーを活用し、農地に出没する鳥獣の状況をクラウドに記録把握し、住民に知らせ、鳥獣の追い払いや鳥獣の数を減らす活動を集中的に実施した。その結果、2013年度には鳥獣被害がゼロとなり、耕作放棄していた農地の耕作可能化、農業収益への貢献、疎遠であった地域住民の社会的な繋がりの強化を実現した。収集データを利用した各種アプリケーション開発にも活用した。実施したのは長野県塩尻町である。
④日本の田舎をステキに変える「サテライトオフィスプロジェクト」等（徳島県神山町）
　町内全域に敷設されている「高速ブロードバンド環境」を活用して、視察受入を最大化し、「人」に焦点を当てた魅力的な人材誘致や、集落内の古民家や遊休施設を首都圏のICT企業等に貸し出す「サテライトオフィス」の誘致を推進した。その結果、11社のICT企業等の誘致、29名の地元雇用の創出、32名の移住に成功して人口転入超過を達成する等、新たな働き方や地域の活性化を実現した。実施したのは徳島県神山町のNPO法人グリーンバレーである。

第5章

地域の生活・文化と情報戦略

安藤明之・川又　実

　本章では、情報の利活用によって、地域の生活の質を高めるための方策やその考え方、様々な事例などをあげている。また、地域の文化の面からも、情報を活用した文化活動による地域の活性化や地域の文化活動に関する情報収集・発信、文化のデジタル化事業、地域連携の例などを取り上げている。

1. 地域の生活とICT

（1）地域の情報化

　近年、地域コミュニティの再生にICT（情報通信技術）を活用した動きが盛んである。2000年から2005年までのE-ジャパン構想を継承するかたちで、2006年に「ユビキタス社会の実現」、「ICT活用の高度化」、「情報セキュリティの拡充」を柱に、通信インフラの整備、普及を目指したu-Japan構想が始動した。

　総務省ホームページ「情報通信（ICT政策）」には、ICTの成長戦略や地域情報化の推進、交際分野での協調・協力など分類別に紹介している。例えば「ICT利活用の促進」として、「ICTを活用した新たな街づくり」はプロジェクトを公募し、次のような実証プロジェクト例を発表している。

図表1　2012年度の実証プロジェクト例

実施地域	事業名	主な提案者
千葉県柏市	柏の葉スマートシティにおけるエネルギー・健康・防災の共通統合プラットフォームの構築	イーソリューションズ㈱、日本ヒューレット・パッカード㈱、三井不動産㈱、柏市
東京都三鷹市	三鷹市コミュニティ創生プロジェクト	㈱まちづくり三鷹、三鷹市
長野県塩尻市	センサーネットワークによる減災情報提供事業	日本ソフトウェアエンジニアリング㈱、信州大学、塩尻市
静岡県袋井市	災害時支援物資供給機能を兼ね備えた6次産業化コマース基盤構築事業	㈱大和コンピューター、袋井市、慶應義塾大学、神奈川工科大学
愛知県豊田市	平常時の利便性と急病・災害時の安全性を提供する市民参加型ICTスマートタウン	名古屋大学、岐阜大学、豊田市、㈱メイテツコム

（出典：総務省ICT利活用の促進 http://www.soumu.go.jp/menu_eisaku/sictseisaku/ict_town/index.html （2015年10月10日アクセス））

第5章　地域の生活・文化と情報戦略

　また、総務省では、東日本大震災の経験を踏まえた災害に強い街の実現、地域コミュニティ再生と地域活性化、地域が抱える様々な課題を解決する取り組みをおこない、「ICT スマートタウン」の普及展開に向け、実証事業として提案の公募をおこなった。これには、「エネルギー・健康・防災の共通統合プラットフォームの構築（千葉柏市）」、「センサーネットワークによる減災情報提供事業（長野県塩尻市）」、「平常時の利便性と急病災害時の安全性を提供する市民参加型 ICT スマートタウン（愛知県豊田市）」、「災害時支援物資供給機能を兼ね備えた6次産業化コマース基盤構築事業（静岡県袋井市）」など、次の図のような28件の実証事業を採択している。

図表2　ICT街づくり推進事業における実証事業（2012～2013年度）

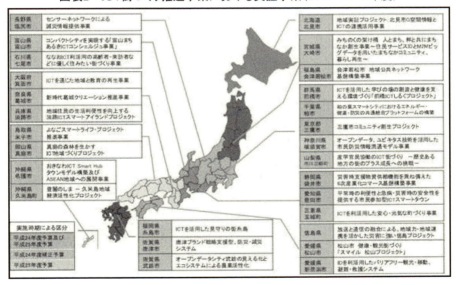

（出典：総務省「平成26年版情報通信白書」256 頁）

①地方創生とICT

　日常聞き慣れなかったことばが、突如としてマスメディアで紹介され、瞬く間に拡がっていったのが「地方創生」ということばである。「地方創生」とはその名のごとく地方を創り出すことであるが、2014年6月15日朝日新聞朝刊には、下記の記事が掲載された。

「地方創生本部新設へ」
　安倍晋三首相は14日、自らをトップに省庁横断で地域おこしに取り組む「地方創生本部」を設置する方針を表明した。月内に打ち出す新成長戦略に盛り込む。
　首相は同日、島根、鳥取両県で地域活性化の取り組みを視察。「各地域のふるさと名物を国で応援する支援策や法律を作っていきたい」と述べ、地域の名産品を海外に売り込むため、家電製品に限られてきた免税品を全品目に広げるほか、東京五輪が開かれる2020年までに免税店を1万店に増やす考えを示した。
（2014年6月15日朝日新聞朝刊）

　地域生活に役立つ ICT の具体的な役割について、総務省によれば全国の様々な取り組みが紹介されている中で、特に情報通信（ICT 政策）における「ICT 利活用の促進」として、「我が国が抱える様々な課題（少子高齢化、医師不足、協働教育の実現、地域経済の活性化等）に対応するために、ICT（情報通信技術）の利活用は必要不可欠なものとなっています。我が国は、世界最先端の ICT 基盤を備えており、この基盤を有効に利活用する必要があります。現在、多様な分野における ICT の効果的な利活用の促進に取り組んでいます（総務省 http://www.soumu.go.jp/menu_seisaku/ictseisaku/ictriyou/index.html（2016年10月15日アクセス））」と ICT の利活用の必要性を訴えている。また、「ICT 高度利活用における地域活性化」についても「医療や教育をはじめとした様々な分野での ICT 利活用は、地域の活性化につながります。総務省では、ICT 利活用を検討する地域に対する具体的・技術的ノウハウを有する「地域情報化アドバイザー」及び「ICT 地域マネージャー」の派遣や、ICT 利活用の先進的事例に関する広報・周知活動を通じて、地域活性化に資する ICT 基盤・システムを利活用した取組を推進・支援しています」とあり、地域活性化には ICT の利活用の必要性が紹介されている。
　「情報通信白書」の平成15年版では「IT」、平成16年度版では「ユビキタス ICT」と変わり、さらに平成17年度版では「ICT」ということばが使われ始めた。
　「IT」は経済産業省が情報政策として使用したことばであるのに対し、ICT は総務省が通信の管轄庁で Communication ということばを使用した

ことから、現在ではこのICTということばが広く使われるようになった。
　また、平成27年度版の「情報通信白書」では、「ICTによる地域経済活性化の可能性」として、「地方創生」を実現していく上でICTはどのような役割を果たすことができるかと、その可能性についてつぎの4つをあげている（総務省「平成27年度版情報通信白書」109頁〜110頁）。
【ICTによる地域経済活性化の可能性】
・ICTによる「雇用の質」の向上
・ICTによる地域企業の商圏拡大
・ICTによる交流人口の拡大
・ICTによる新たなワークスタイルの実現

　これについて、「雇用の質」の向上としてのICTの役割として、「ICTは、企業活動の効率性向上（プロセス・イノベーション）の最も一般的なツールであり、地域企業の労働生産性向上に大いに貢献し得ると考えられる。また、中長期的にみた場合、ICTの普及と浸透は、定型的な職種を代替し（雇用代替効果）、非定型的な職種を創出することで（雇用創出効果）、経済全体の「雇用の質」を高めていくと考えられる」と述べられている。
　商圏拡大としては、地方の人口減少に言及した上で、「ICTは、地域外へのモノやサービスの販売を容易にし、地域外の需要を地域経済に取り込むことを可能にする。地域にある優れた資源を活かした商品やサービスを地域外の人々に提供し、地域が「外貨」を獲得するため、ICTは重要な役割を果たし得る」としている。
　交流人口の拡大については、定住人口回復のきっかけとなり得ることを指摘した上で、「ICTは、地域と地域外との情報の交流を活発化し、地域の魅力を広く発信することで、交流人口の拡大に貢献する」と指摘する。
　最後の新たなワークスタイルの実現については、「ICTはテレワーク、サテライトオフィス、クラウドソーシング等の地理的制約に囚われない新しい働き方を可能にする。こうした新しい働き方は、若者が地元に住み続けながら大都市圏の企業に勤務したり、大都市圏の人々が現在の仕事を維持しつつ地方に住んだりすることを可能にし、地方の定住人口拡大に貢献する」とも述べている。これは、地方からの人口流出と東京圏への集中による地方の人口減少の歯止めがかからない現状の中で、「地方創生」とい

う名のもとにICTにより地域雇用の創出を図り、地方活性化、地方促進を目指していることが読み取れる。

　また、2001年度内閣府調査による「ITが拓く地域社会の発展可能性に関する調査 〜地域社会の自立と社会参加を促進するIT〜」では、「地域社会の活性化には、地域社会と生活者を起点にした取り組みが基本」で、「ITは地域の活性化に役立つと期待されているが、ITの導入のみで課題が解決するわけではなく、全国画一的な手法によって実現するものでもない。必要なことは、ITを活用し、地域社会と生活者を起点にした自立と連携を図ることである。」として次の地域社会の活性化の観点からITを活用する際の8つの基本的な考え方をあげている。

【地域社会の活性化の観点からITを活用する際の8つの基本的な考え方】
・地域における生活者の視点に立った取り組み
・地域ニーズの内容に応じた効果的なIT化の推進
・地域社会へ主体的に参加する意識を尊重
・地域コミュニティの重視とNPOなどの新しいコミュニティへの対応
・生活者の多様な生活スタイルへの対応
・産学民官のパートナーシップの推進
・人材の育成
・だれでもが情報アクセシビリティ（接近性）を高められる環境の確保

　さらに、「地域社会活性化のためにITを活用するには、その主人公たる地域生活者の視点に立った取り組みが欠かせない。同時にそれぞれの地域ニーズに合わせ、地域社会と生活者が自立的な地域づくりに取り組むことを支援するため、地域ニーズの内容に応じた効果的なIT化の推進と、地域市民が地域社会へ主体的に参加する意識を尊重することが求められる」としている。

②インフラを軸としたＩＣＴの活用

　日常生活において、鉄道や交通などのインフラ整備は必要不可欠である。交通インフラが不整備だと、不便性が生じるだけではなく、どこかへアクセスするアクセス権も侵害されかねない。このようなインフラに関するICTの活用として、公共交通の情報サービスの構築、またそのプラット

第5章　地域の生活・文化と情報戦略

フォームの研究開発や公共政策の提言を目的に2015年9月25日「公共交通オープンデータ協議会（仮称）（英文名：Council of Open Data for Public Transportation）」が設立されている。これは2020年の東京オリンピック・パラリンピックにおける円滑な公共交通サービスの提供に必要な、データのオープン化によりサービスを担うことを目的としている。

図表3 「公共交通オープンデータ協議会」参加団体

ウイングアーク 1st㈱	東京大学大学院情報学環ユビキタス情報社会基盤研究センター	日本空港ビルデング㈱
㈱ヴァル研究所		日本航空㈱
小田急電鉄㈱		日本マイクロソフト㈱
京王電鉄㈱	東京地下鉄㈱	㈱パスコ
京成電鉄㈱	東京都交通局	東日本旅客鉄道㈱
京浜急行電鉄㈱	東京メトロポリタンテレビジョン㈱	㈱日立製作所
西武鉄道㈱		富士通㈱
全日本空輸㈱	東京臨海高速鉄道㈱	㈱ゆりかもめ
ソニー㈱	東武鉄道㈱	YRPユビキタス・ネットワーキング研究所
大日本印刷㈱	成田国際空港㈱	
東京急行電鉄㈱	日本電気㈱	
東京国際空港ターミナル㈱	日本電信電話㈱	

（出典：公共交通オープンデータ協議会 http://www.odpt.org/about/member/ （2015年10月16日アクセス））

(2) ICT利活用による地域の連携例
①防災を軸としたICTの活用

　ICTと地域防災システムは、様々な取り組みがおこなわれている。特に東日本大震災後、各自治体は地震や津波、台風など自然災害を中心とした防災、減災のネットワーク作りに力を入れている。その中でも特に、およそ30年以内に発生するといわれている「南海トラフ大地震」については、高知県はもとより、その周辺自治体で早急な対策がとられている。

　徳島県はICT活用によるふるさと元気事業として「安心とくしまネットワーク」を構築、運営している。これは、徳島県の防災・危機管理情報として総合的な地域防災情報を共有することを目的に、様々な危機管理に

関するネットワークを構築し、地域住民と行政、事業者などが、「安心・安全」な情報伝達、迅速な災害対応ができることを目指している。この徳島県の「安心とくしまネットワーク」構築事業の概要は次のとおりである。
【「安心とくしまネットワーク」構築事業の実施目的（解決すべき地域課題）】
　　徳島県においては、次の南海地震の30年以内の発生確率が60％程度（地震調査委員会、2012年）と極めて高く、反復して本県を襲ってきたこの大規模災害への備えが急務とされている。阪神・淡路大震災以降、大規模災害への体制整備は急速に進歩しつつあるが、初動時の適切な対応の決め手となる情報収集について、本県では未だシステム化されておらず、こうした情報の一元的な収集・共有をおこなえる体制整備が大きな課題としてあげられていた。今回構築をおこなった「安心とくしまネットワーク」では、大規模災害時の一元的な情報収集体制を確立するため、徳島大学、ヤフー㈱との連携によりシステムを構築し、災害関係者や報道機関との情報共有を実現した。一方、県民への情報発信のため、既存サイトの「安心とくしま」「医療とくしま」との連動を実現、ネット環境がない県民に対しても公共情報コモンズとの接続により報道機関を介して情報提供できる体制構築を目指した。さらに、すべての県民を対象としたWebベースの安否確認サービス「すだちくんメール」の普及を通じ、県民相互の安否確認体制や法人単位での参集情報等の共有を実現すると共に、平常時の利用促進を図るため、「安心とくしま」を通じ様々なデジタルコンテンツの配信体制の整備を実施した（徳島県）。

②先進的な地域情報化事例
　総務省では、ICTの利活用による地方活性化に向けて、先進的な地域情報化事例について広く募集をおこなったが、「地域情報化大賞」として、次の事例が選ばれ、表彰がおこなわれた。その要旨は、次のようなものである（平成27年度版情報通信白書第3部、第8章、第6節 ICT活用の推進より）。
a．「ポケットカルテ」及び地域共通診察券「すこやか安心カード」
　医療機関毎に管理されている住民の医療履歴を自ら時系列に集約管理できる仕組み作りと、医療機関数の減少や負担増という地域課題に対処するため、地域共通診察券発行や健康医療福祉履歴管理・医療圏リソース管理を統合的に提供した。その結果、「ポケットカルテ」の登録者数は約45,000

名に拡大（2014年10月末）する等、地域の医療資源を一つの仮想巨大医療機関とみなして有効活用し、安心・安全な地域医療提供体制の確立に寄与した。実施したのは、NPO法人日本サスティナブル・コミュニティ・センター（京都府京都市）である。

b．ICTを用いた広島県呉市における「データヘルス」の取り組み支援

　レセプトデータを独創的なICT技術で分析し、分析結果をもとにした医療関連情報サービスを提供することで、呉市の保健事業をICTの面から支援した。この「データヘルス」の取り組みは、「医療費適正化」や「被保険者の健康度向上」といったアウトカム（成果）だけでなく、「国保健全運営」や看護師等の「雇用創出」、「健康寿命延伸」による「生産年齢人口の確保」といった地方創生への波及効果を生み出した。実施したのは、㈱データホライゾン（広島県広島市）である。

c．グループウェア「WorkSmart＠豊後高田市」の活用

　未就学児を持つ女性の育児環境にあったワークスタイルを支援するため、子育て支援施設へのオフィス開設やテレワーク時の問題点を解消するグループウェア運用等を推進した。その結果、市の子育て支援課や地元のNPO等とも連携し、首都圏同等の賃金で市内の子育て女性6名をパート社員に採用、3名へ業務委託を実現する等、地域における育児女性の就業機会の確保に寄与した。実施したのは、㈱デジタルブティック（東京都港区）、豊後高田市（大分県）である。

d．e-MATCHによる奈良県の救急医療体制改善への支援

　地域における救急医療の質向上のため、地域全体を俯瞰する鳥の視点（Bird's View）で「地域の救急医療の現状」を迅速に把握できるシステムである「e-MATCH」の導入を推進した。その結果、消防本部や救急隊、医療機関等の関係者の連携が進み、現場活動時間30分以上の割合の減少等、現場滞在時間の長期化の改善や専門外の医療機関への搬送回避に貢献した。実施したのは、バーズ・ビュー㈱（東京都文京区）である。

e．「ちばレポ」市民と行政をつなぐ新しいコミュニケーションツール

　専用スマホアプリと連携した市民と行政のコミュニケーションツールである「ちばレポ」をクラウド基盤に構築し、市内で発生している公共インフラの不具合を市民がレポートする仕組みを整備した。その結果、開始後1か月で千人以上が参加し、1日平均10件のレポートが寄せられた。今年

度末には市民と行政の連携による課題解決に取り組む等、市民ニーズの可視化・共有化と行政における業務の効率化を実現した。実施したのは、千葉市（千葉県）である。

図表4「ちばレポ」内のこまった(>o<)"レポートの様子

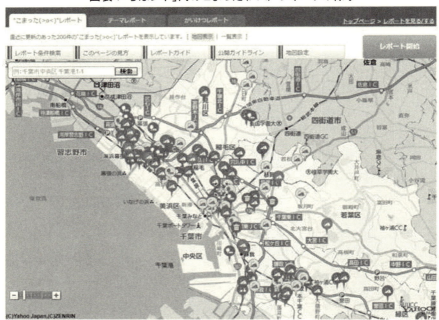

（出典：「ちばレポ」http://chibarepo.force.com/ （2016年10月6日アクセス））

（3）情報格差の解消

　情報格差は、デジタルデバイド（digital divide）ともいい、都市と地方というような地域間などにおいての情報量やサービスの多少に格差があることや、情報技術を使いこなせるかどうかなどによって情報の利活用に格差が生じていることをいう。情報格差は、主に次のような要因による。

【情報格差の主な要因】
- 国家間（先進国と途上国）や地方間（都市と地方）などの地域格差、経済的格差、インターネット普及率の相違
- 貧富の差などによって情報機器の入手の差や操作する機会の多少から

第5章 地域の生活・文化と情報戦略

　生じる格差
・高齢者や障碍者などの個人の状態から生じる格差

　現代のようにインターネットが普及していく社会においては、情報機器を操作し、インターネットを利用できるかできないかは、情報収集・活用に大きな格差を生じさせるので、この格差をできるだけ解消することが重要である。
　インターネットの利用には、主にパソコンやスマートフォン、携帯電話を用いるため、これを所有するなどの利用環境があり、ある程度操作に習熟することが必要になる。これらの機器はインターネットによる情報の収集だけではなく、メールや対話などのコミュニケーションのツールともなるので地域社会において重要な働きを持ち、生活の質にも影響を与える。今後は、地域の活性化のためにも手軽に情報機器を操作できる環境の構築が望まれる。
　例えば、第4章で取り上げた徳島県上勝町のつまもの（料理に添える葉っぱや花）のビジネスでは、多くの高齢者が参加しているが、ICTを活用しているので情報機器を操作して受注から出荷などの業務をおこなっている。このつまものビジネスでは、経済効果だけではなく、パソコンを使用したシステムによる日常の業務に対する情報機器の操作に加え、個人の月別売上高などの情報も容易に表示できるので、これが各自の競争心に影響を与えているのか高齢者が元気で、町の医療費も低く、養護老人ホームが閉鎖されたという。これも情報格差の少ない地域であるからではないだろうか。

（4）地域通貨（電子通貨）の利用
　地域通貨は、特定の地域内で流通する電子通貨で、国際的な「ビットコイン」と呼ばれる仮想通貨とは異なり、規模は小さいが、地域のために人々が自発的な行動を起こすきっかけとなるような利用が多い。例えば、ゴミ拾いなどの地域に役立つ行動をすると、その見返りにスマートフォンに電子データ（デジタル資産）が送られてくる。その電子データは、地元で買い物などに使うことができる。このような電子データは地域通貨ともいい、地域経済の活性化に役立つことができる。また、ドイツのバイエルン

州で使用されている地域通貨「キームガウアー」は、時間とともに価値が減少する自然減価の仕組みを採用している。この自然減価によれば、人は通貨を得るとその価値が減少する前に商品と交換しようとするので、資金の回転が早まるため、地域経済の活性化を推進することになる。

2．地域の文化とICT

（1） ICTを活用した文化活動による地域活性化

　地域住民によって地域活性化を推進するには、地域の文化活動を活性化することもその一つである。そのためには地域の芸術、環境、歴史、教育などの様々な分野の現状を認識して、問題意識を持って行動することが必要で、このような現状を理解する複数の団体の活動の活発さが地域活性化に大きな力を与える。こうした活動を支えるのが次のICTの活用でもある。

　【地域の諸団体などの活動を支えるICT】
　・諸団体やグループの構成員間のコミュニケーションを電子メール、フェイスブックなどのSNS（ソーシャルネットワークサービス）、電子会議などによって活発にする。
　・ホームページの開設により一層の情報発信や他団体とのネットワークを推進する。
　・電子メールを活用したニュースや機関誌の配信、アンケートなどのマーケティング、B to CのEコマース（消費者向け電子商取引）による産直販売、文化活動におけるバーチャルな連携など、様々な連携を促進する。

　こうした取り組みは、地域住民と諸団体、行政、企業、大学等が積極的に連携をし、広域的、学際的、分野横断のネットワーク形成が望まれる。

（2） 地域文化と情報収集・発信の事例

　文部科学省の文化審議会文化政策部会では、「地域文化の振興にあたっての課題と方策」の報告書（案）において「文化芸術活動に関する情報収集・発信をどのように進めるか」という課題について次のように述べてい

第5章　地域の生活・文化と情報戦略

る。
　「地域でおこなわれている文化芸術活動を積極的に発信し，広く地域住民に理解，支持してもらうことは，地域文化の振興に極めて重要である。また，地域における文化芸術活動を地域住民のみならず，全国に向けて発信することにより，他の活動に影響を与えたり，外部からの評価を受けたりすることが可能となり，その文化芸術活動が一層活性化することが期待される。情報発信は事業を紹介するだけでなく，活動への参画を促す手段にもなるが，情報発信の手法やノウハウが蓄積されておらず，人材も不足しており，有効な対策が求められている。
　文化施設や文化芸術団体の活動を発信する手段として，インターネットをはじめとする情報通信技術の活用は，少ない費用で広範な地域に自らの情報を発信できるという点で極めて有効である。しかし，そのためには，文化芸術活動の情報を収集する人，情報を発信する人などその役割を的確に区別して，その人材を適切に養成し登用する必要がある。」
　また、その事例として次の「広島県立美術館友の会ボランティアによる美術館ホームページの作成支援」をあげている。
　「広島県立美術館には，「広島県立美術館友の会」の中にボランティア組織があり，常設展の解説（ギャラリーガイド）や資料整理の補助などの美術館における様々な活動をおこなっている。「友の会」は，美術館が募集し，その組織下で運営されている他の美術館ボランティアとは異なり，その運営や活動をすべてボランティアがおこなっており，会長や事務局長もボランティアが務め，「友の会総会」による意思決定の下で，会員の自主的な活動が可能となっている。友の会の活動は七つのグループに分かれているが，その１つに，ホームページグループがあり，「友の会」のホームページを作成・管理するとともに，広島県立美術館のホームページにおけるデータ入力の補助もおこなっている。ホームページグループには，６～７名のボランティアが所属し，電子メールを活用して活動をおこなっている。友の会ホームページ上では，ほぼ毎月更新される「友の会ニュース」には友の会からのお知らせやイベント情報のほか，美術に関連する情報も掲載されるなど，最新の情報が分かりやすく掲載されている。美術館や文化会館でホームページ等による情報発信は活発になされているが，ボランティア団体が自らホームページを作成・

運営して，積極的にボランティア活動を発信しつつ，美術館自体の活動を広く広報している事例は稀である。「友の会」でこうした情報発信が成功しているのは，ホームページの作成・運営に関心を持つボランティアグループを結成し，自主的に内容を検討し，友の会の会報誌「色絵馬」の編集と併せてホームページ内容の更新を図る工夫をおこなっているためである。」

（3）地域文化のデジタル化事業

　地域では、その地域に根差した伝統芸能や伝説、神話、祭り、習俗等の様々な地域文化を持っている。こうした地域文化を保存・継承して地域の活性化にも役立てるような取り組みが求められている。このためにはデジタル技術やネットワーク技術を活用して、文化財や美術品を電子的に保存・継承する「デジタルアーカイブ」が注目されている。総務省自治行政局は、地域文化デジタル化構想（デジタルミュージアム構想）により、デジタルネットワーク時代におけるアーカイビングの一環として、地域の美術館や博物館等の文化施設を地域文化の情報蓄積・発信拠点として位置づけている。この構想のために次の3つをキーワードに施策を推進している。

【地域文化デジタル事業の3つのキーワード】
- ためる：デジタル画像技術を用いて、有形・無形の文化財をデジタルで記録・蓄積することにより、コンテンツをだれでも自由に閲覧できる仕組みを構築する。
- つなぐ：ネットワークにより供給ソフトの交換や連携が可能になり、施設の活性化をはじめ、地域間交流、芸術家間交流、地域住民間の交流が深まる。
- いかす：ハイビジョンミュージアムシステムなどの既存のシステムとの整合性を考慮し、美術館や博物館等が従来から所有するデジタル画像資産の有効活用を図る。

（総務省「地域文化デジタル化事業」http://www.soumu.go.jp/main_content/000425416.pdf（2016年10月15日アクセス））

（4）ICT利活用による地域の連携の事例

　総務省では、ICTの利活用による地方活性化に向けて、先進的な地域

第5章 地域の生活・文化と情報戦略

情報化事例について広く募集をおこない、「地域情報化大賞」として、事例「石巻市におけるGIS、AR技術を利用した「防災まちあるき」」および「教育の情報化を基盤とした誇りと夢と元気を生み出す人づくり町づくり」が選ばれ、表彰がおこなわれた。その要旨は、次のようなものである。
（平成27年度版情報通信白書第3部、第8章、第6節 ICT活用の推進より）

①石巻市におけるGIS，AR技術を利用した「防災まちあるき」

行政や地域団体、住民と連携してGISやAR技術を活用して「現在・過去・未来」を伝える「石巻津波伝承AR」アプリを開発・公開し、本アプリを活用してガイドが同伴する「防災まちあるき」プログラムを提供した。その結果、1500以上のダウンロード数を実現し、833名のプログラム体験者からの高い評価を得る等、災害からの教訓を伝える効果的な活動として機能し、震災伝承・情報発信ツールとして他地域にも展開した。実施したのは、一般社団法人みらいサポート石巻（宮城県石巻市）である。

図表5「石巻津波伝承AR」内「防災まちあるき」の画面

②教育の情報化を基盤とした誇りと夢と元気を生み出す人づくり町づくり

全小中学校の普通教室に電子黒板とデジタル教科書（全教科）を整備し、生徒1人にタブレットPC1台で日常的にICTを活用した授業に取り組める環境を実現した。また、光通信網の全戸敷設によりテレビ会議システ

ムの常用が容易になり、小学校英語等での遠隔授業や教職員研修等でのテレビ会議の活用を推進した。その結果、学校と家庭・地域が連携を深めながら、教育情報化を通じた町の活性化を実現した。実施したのは、高森町教育委員会（熊本県）である。

編著者
安藤　明之（あんどう　あきゆき）
東京経済大学名誉教授。
東京生まれ。東京都立科学技術大学大学院工学研究科博士課程単位取得満期退学。
愛知学泉大学経営学部助教授、東京経済大学経営学部助教授、東京経済大学コミュニケーション学部教授、英国オープン大学経営大学院客員研究員などを歴任。
著書：『現代情報リテラシー』（同友館、2002年）、『情報システムとネットワーク』（工学図書、2004年）、『会計情報システム』（創成社、2006年）、『社会調査入門』（三恵社、2007年）、『社会調査・アンケート調査とデータ解析』（日本評論社、2009年）、『最新情報処理概論　改訂版』（実教出版、2014年）ほか

執筆者
森岡　宏行（もりおか　ひろゆき）
國學院大學栃木短期大学専任講師。
1984年生まれ。東京経済大学卒業、東京経済大学大学院コミュニケーション学研究科博士課程修了（博士（コミュニケーション学））。埼玉県立高校非常勤講師、専門学校非常勤講師および大学非常勤講師を経て、2015年より現職。
論文：「ソーシャルメディアを活用したコミュニケーション活動による地域活性化」（『コミュニケーション科学』No.41、2015年）、「Twitter 利用の拡大と情報伝播の形態」（『博士論文』東京経済大学、2013年）、「インターネット検索における「情報源の集中化」の実証研究」（『情報通信学会誌』第96号、第28巻第3号、2010年）「第5次「郡上村」調査からみる地域社会とコミュニケーション」、（『コミュニケーション科学』No.32、2010年）

川又　実（かわまた　みのる）
四国学院大学総合教育研究センター准教授。
1973年生まれ。東京経済大学大学院コミュニケーション学研究科博士課程満期退学。ケーブルテレビ局で番組制作に約10年間従事。その後、特定 非営利活動法人地域メディア研究所理事・理事長や大学・短大などで非常勤講師を歴任し、2013年より現職。専攻はメディア論、コミュニケーション論。
著書：『現代地域メディア論』（共著、日本評論社、2007年）『コミュニケーション・スタディーズ』（共著、世界思想社、2010年）『「文化系」学生のレポート・卒論述』（共著、青弓社、2013年）

牛山佳菜代（うしやま　かなよ）
目白大学社会学部メディア表現学科准教授。
東京都生まれ。立教大学文学部卒業、東京経済大学大学院コミュニケーション学研究科後期博士課程満期退学（博士（コミュニケーション学））。ケーブルテレビ局、シンクタンクなどを経て、2008年より現職。
著書：『地域メディア・エコロジー論　地域情報生成過程の変容分析』（芙蓉書房出版、2013年）、『インターンシップーキャリア教育としての就業体験』（共著、学文社、2011年）、『メディアと表現　情報社会を生きるためのリテラシー』（共著、学文社、2014年）ほか

地域活性化の情報戦略

2017年 2月25日　第1刷発行

編著者
安藤　明之
あんどう　あきゆき

著　者
森岡宏行・川又　実・牛山佳菜代
もりおかひろゆき　かわまた　みのる　うしやまかなよ

発行所
㈱芙蓉書房出版
（代表　平澤公裕）
〒113-0033東京都文京区本郷3-3-13
TEL 03-3813-4466　FAX 03-3813-4615
http://www.fuyoshobo.co.jp

印刷・製本／モリモト印刷

ISBN978-4-8295-0706-3